浙江金融职业学院"985"工程建设成果

高等职业院校人才队伍建设
理论与实践

主　编　周建松

副主编　姜　进　王　琦

浙江工商大学出版社

ZHEJIANG GONGSHANG UNIVERSITY PRESS

图书在版编目(CIP)数据

高等职业院校人才队伍建设理论与实践 / 周建松主
编. —杭州：浙江工商大学出版社，2014.8
ISBN 978-7-5178-0562-5

Ⅰ. ①高… Ⅱ. ①周… Ⅲ. ①高等职业教育—师资队
伍建设—研究 Ⅳ. ①G718.5

中国版本图书馆 CIP 数据核字(2014)第 142645 号

高等职业院校人才队伍建设理论与实践

主　编 周建松

副主编 姜　进　王　琦

责任编辑	刘　韵
封面设计	许寅华
责任校对	何小玲
责任印制	包建辉
出版发行	浙江工商大学出版社
	（杭州市教工路 198 号　邮政编码 310012）
	（E-mail：zjgsupress@163.com）
	（网址：http://www.zjgsupress.com）
	电话：0571 - 88904980，88831806（传真）
排　　版	杭州朝曦图文设计有限公司
印　　刷	杭州恒力通印务有限公司
开　　本	787mm×1092mm　1/16
印　　张	12
字　　数	285 千
版 印 次	2014 年 8 月第 1 版　2014 年 8 月第 1 次印刷
书　　号	ISBN 978-7-5178-0562-5
定　　价	35.00 元

编委会

主　编　周建松

副主编　姜　进　王　琦

编　委　郭福春　吴建斌　王　静　王　华

　　　　龚宏富　张鹏超　章安平　王懂礼

　　　　陈正江　唐林伟

前　言

　　2014 年 6 月，中共中央总书记、国家主席习近平就加快职业教育发展做出重要指示，他强调，职业教育是国民教育体系和人力资源开发的重要组成部分，是广大青年打开通往成功成才大门的重要途径，肩负着培养多样化人才、传承技术技能、促进就业创业的重要职责，必须高度重视、加快发展。《国务院关于加快发展现代职业教育的决定》（国发〔2014〕19 号）指出，应加快现代职业教育体系建设，深化产教融合、校企合作，培养数以亿计的高素质劳动者和技术技能人才。

　　十年树木，百年树人。高等职业院校提高人才培养质量，必须坚持体现高等职业教育特色的人才队伍发展理念，必须打造一支具有鲜明职教特点的师资队伍、干部队伍、管理队伍和人才队伍，同时，必须建立一套规范和保障人才队伍发展的管用和好用的制度。为此，我们必须把人才队伍建设放在更加突出和重要的地位上来抓，加强理论研究，加大工作力度，探索出一条体现高等职业教育特色的人才队伍发展之路。

　　浙江金融职业学院作为全国首批国家示范性高等职业院校，建校以来一直重视并不断加强人才队伍建设，始终把人才队伍建设作为学校中心工作来抓，强化人才队伍建设的理论研究，探索人才队伍建设的系统化、工程化和制度化，产生了一批体现高等职业教育特色的人才队伍发展研究成果，并在实践中取得了明显的成效，丰富了学院的办学内涵，有力推动了学院的改革与发展。

　　为了更好地总结学院人才队伍建设理论成果和实践经验，在学院党委书记周建松教授的领导下，由科研师资处具体负责，对学院体现高等职业教育特色的人才队伍建设进行了系统的梳理，组织相关部门的教师、干部编写了《高等职业院校人才队伍建设理论与实践》一书。本书不单纯介绍高等职业院校人才队伍建设的基本理论与实践做法，而是将师资队伍建设、干部队伍建设、管理队伍建设与人才团队建设作为人才队伍体系建设的核心内容加以系统研究，并将学院新一轮人才队伍建设的制度作了选编辑录，以求教于各位领导、专家和同行。由于我们水平有限，书中不足之处在所难免，敬请各位方家批评指正。

本书编委会
2014 年 6 月

目　　录

第一编　高职院校人才队伍建设基本理论

第一章　高职院校人才队伍建设研究述评 …………………………… 3
第二章　高职院校特色人才队伍体系建设 …………………………… 16
第三章　高职院校师资队伍建设机制研究 …………………………… 21

第二编　高职院校师资队伍建设

第四章　高职院校专业带头人培养 …………………………………… 29
第五章　高职院校学术带头人培养 …………………………………… 35
第六章　高职院校名师名家培养 ……………………………………… 42
第七章　高职院校青年教师队伍建设 ………………………………… 46
第八章　高职院校兼职教师队伍建设
　　　　——基于以校友为主体的兼职教师队伍建设模式创新 …… 51
第九章　高职院校师德教风建设 ……………………………………… 57

第三编　高职院校干部队伍建设

第十章　高职院校党委书记的理念与修养 …………………………… 67
第十一章　高职院校院（校）长的管理理念与素养 ………………… 72
第十二章　高职院校领导班子建设 …………………………………… 78
第十三章　高职院校中层干部队伍建设 ……………………………… 84

第四编　高职院校管理队伍建设

第十四章　高职院校管理队伍建设 …………………………………… 93
第十五章　高职院校辅导员队伍建设 ………………………………… 98
第十六章　高职院校班主任队伍建设 ………………………………… 110

第五编　高职院校人才团队建设

第十七章　国家级教学团队建设的研究与实践
　　　　——以浙江金融职业学院金融管理与实务专业为例…………………………… 125

第十八章　"双元双优"专业教学团队建设的研究与实践
　　　　——以浙江金融职业学院国际贸易实务专业为例……………………………… 131

第十九章　中外合作专业的"三元合一"师资团队建设
　　　　——基于浙江金融职业学院中澳金融理财项目的创新实践……………………… 137

第六编　浙江金融职业学院人才队伍建设制度选编

附录一　浙江金融职业学院关于贯彻《教师职业发展指引》 实施"十大计划" 进一步
　　　　提升师资队伍水平的若干意见…………………………………………………… 149

附录二　中共浙江金融职业学院委员会关于印发《师德教风提升计划》的通知………… 153

附录三　浙江金融职业学院关于印发《"金晖学者"(学科学术带头人)培养计划》的通知
　　　　………………………………………………………………………………………… 158

附录四　浙江金融职业学院关于印发《专业带头人提升计划》的通知………………… 161

附录五　浙江金融职业学院关于印发《教学科研与育人团队培养计划》的通知……… 164

附录六　浙江金融职业学院关于印发《"金星闪光"(中青年骨干教师)培养计划》的通知
　　　　………………………………………………………………………………………… 167

附录七　浙江金融职业学院关于印发《博士培养计划》的通知………………………… 170

附录八　浙江金融职业学院关于印发《"双师"培养计划》的通知…………………… 173

附录九　浙江金融职业学院关于印发《教师信息素养提升计划》的通知……………… 176

附录十　浙江金融职业学院关于印发《教师国际化素养提升计划》的通知…………… 179

附录十一　浙江金融职业学院关于印发《青年教师助讲(青蓝工程)培养计划》的通知
　　　　………………………………………………………………………………………… 182

第一编　高职院校人才队伍建设基本理论

第一章　高职院校人才队伍建设研究述评

21世纪的头十年是我国高等职业教育快速发展的十年,它不仅经历了规模的迅速扩张,也面临着从规模扩张向内涵提升转变的挑战。在从规模扩张向内涵提升转变的过程中,我国高等职业教育研究密切关注了对于人才培养质量提升起着决定性作用的高职院校人才队伍建设方面的问题研究,而对这一领域问题的关注,其重点又落在了师资队伍建设上。本章主要对近年来我国高等职业教育人才队伍建设的研究成果进行梳理,为本研究提供理论上的支撑和研究上的前提。

一、校长领导力与职业院校校长领导力

校长是学校的代表,也是校内知识分子的精神领袖,在学校管理系统中处于核心地位、主导地位和决策地位。一名优秀校长的领导力主要表现为能够结合学校实际和时代背景,以前瞻性的思想理念明确学校发展战略目标,通过制定一系列战略措施改进学校的质量,保持学校的长期健康,并在实现学校愿景和推动学校发展过程中促进学生和教职工不断成功的能力。

(一)领导力与校长领导力的内涵

领导力(Leadership)是一个来自于企业界的概念,是指在管辖的范围内充分利用人力和客观条件以最小的成本办成所需的事,提高整个团体的办事效率。不同领域对领导力的内涵有不同的研究方向和理解。但作为领导者素质的核心,有研究者认为,领导力的共性是影响一个组织实现目标的能力,即在战略分析的基础上,得出组织认同的愿景,并通过制定合理的战略目标,科学的战略实施,带动组织成员实现战略目标的能力。有研究者认为,校长领导力是校长在实现学校愿景、推动学校发展的过程中影响全校教师、员工和以学生为代表的利益相关者的能力,以及与全校教师、员工和以学生为代表的利益相关者之间的相互作用。"学校管理"与"学校领导"是既有区别又有联系的两个概念:学校管理是管理者通过计划、组织、监测与评估来实现教育目标的活动过程,这个过程包括了制订计划、组织实施、监测评估、反思改进等基本环节;学校领导则是通过现实基础分析,建立学校发展目标,并通过合作努力、问题解决、民主协商等方式共同实现学校发展目标的过程。所以,"学校领导"所体现的是一种民主、开放、沟通、合作、发展的管理新理念。

(二)校长领导力的意义

从本质上讲,校长领导力是一种影响力。但从影响力的来源看,在知识经济时代背景下,校长影响力的获得不能再单纯依赖职位和行政权力。在民众呼唤优质教育、市场竞争日益激烈的背景下,一所学校的领导者在教师心目中能否获得真正的权威和影响力,在同行中、社会上有没有地位、有没有发言权,主要不是取决于行政级别、权力的大小,而是能否提出有个性的办学思想、能否提供有特色的课程服务、能否推进学校的变革与发展。因而,在知识时代背景下,校长必须把课程和教学的领导作为学校领导的核心。

根据多年的校长工作经历与领导实践,有研究者认为,学校本质上是对一种文化的适应与认同,校长的基本职能就是对文化的保持与改造。因此,办学归根结底是办文化。学校要办出文化,首先就要有思想,要有自己的特色,特色是学校发展的核心竞争力。学校要建成特色学校,关键要"学有特点""教有特长""管有风格"。特色学校发展需要人力、财力、物力等全方位资源的支撑,并不可避免地会遇到阻力、摩擦力、离心力等等。为此,校长必须有足够的领导力,引领学校变革,不断开发资源,优化学校管理。

(三)新时期学校发展所需要的校长领导力

有研究者认为,校长领导力所包含的内容十分丰富,在目前学校教育中,校长的领导力主要体现在对学校的行政领导上。校长个人的教育理念影响着校长领导力的方向和领导方式。校长的教学领导对学校的教学发展影响巨大。此外,新时期学校发展需要校长具有更加新颖的管理思想、深厚的专业理论素养。对校长自身非专业素质的要求也进一步提高,其主要包括:对学校发展的预测力,对教育、管理知识的领悟力,以及对人际关系的组织协调力等。

张平的博士学位论文,在分析、综合领导力概念和校长领导力理论的基础上,阐述教育领域对领导力的关注和领导力理论对学校变革的影响与作用,提出在学校变革视野下,校长领导力发展所应做出的变革与发展,从人的发展要素"心、脑、手"出发,重塑校长领导力的理念与内涵,构建了校长领导力的"心脑手"模型:领导之心——愿景领导力、领导之脑——变革领导力、领导之手——践行领导力,这一构建打破了传统视域中对校长领导力的理解和认识。

(四)提升校长领导力的途径

随着学校改革的不断深入,新的管理方式、教育问题的不断涌现,校长需要同时提升自己的能力以适应新的学校环境,解决各种问题。校长也需要通过培训来进行"充电",学习先进管理知识,更新教育理念,提高自身素质。对校长领导力提升路径的研究相对比较系统、比较集中。如有研究者从校长领导力标准的构建、校长的选拔机制、领导力发展的动力以及校长培训体系的建立等多个层面论述了中职校长领导力提升与建设的策略。

也有多位研究者对校长领导力的提升策略进行了较为"泛化"的论述,概括起来其主要有:加强管理知识的学习,提升决策能力;拥有科学的教育理念,形成特色教育;学习专业知识,提高教学领导力;提高自身素质,提升人格魅力等。

(五)高职院校校长领导力的维度

高职校长领导力既有一般校长所应具有的共同能力属性,同时也有高职教育发展对其特殊能力的要求。目前,对高职校长能力建设的研究相对较少,有研究者结合自身多年的工作经验,认为校长领导力应具备以下几个维度:

第一,较强的自身影响力。学校的工作性质和特点不同于其他组织,领导权力并不等于领导的威信,校长领导力既包含权力,同时更应体现威信,权力是一种外在的强制力量,威信则是一种内在的影响力。校长作为学校的最高领导者,必须要结合学校实际情况,积极探索教育发展规律,加强自身能力建设,将内在品质与外在表现和谐统一,培育自身威信,真正使全校师生员工感受到校长的凝聚力和感召力,激发全体员工的主观能动性。

第二,较强的战略规划能力。制订和深化发展规划,是职业院校实现跨越发展的必由之路。面对社会环境巨大而深刻的变化,作为高职院校的最高行政领导和学术核心组织者,校长应当具备战略家的眼光和气魄,把握教育发展趋势的战略选择,切合发展实际对学校进行战略规划,合理地配置学校人力、物力、财力等资源,并能够调动全校师生和员工的积极性,为实现学校的共同奋斗目标而努力实践。

第三,较强的组织经营能力。伴随着高等教育的发展和经济的迅速发展,高职院校的社会功能作用将更加明显,这些都迫切需要高职校长树立经营理念。学校组织经营就是在符合市场规律、经济规律前提下,校长在领导学校的过程中理顺与政府的关系,推动学校市场化运作,有效进行学校经营,真正实现"知识增值"和"资本增值"的双重目标。

二、人力资源管理与干部队伍建设

(一)高职院校人事制度改革

1. 问题。有研究者认为,我国职业教育发展起步晚,进步快。随着高职教育体制的不断改革,高职内部的人事制度改革取得了相当成就。比如人力资源观念逐步确立、竞争机制加强、初步建立了有效的激励机制等,但同时也应当看到,我国目前高职院校大多还处于传统人事管理阶段,管理上还存在着不容忽视的弊端,表现如下:

(1)管理观念相对落后。传统人事管理的工作作风虽有许多优良之处,但较之于现代的人事管理使其显得作风落后,传统人事管理的理想主义思想较浓重,而实际行动跟不上,观念也很落后,一味注重于"管",往往产生不尽如人意的效果。权力管理胜于服务意识,官本位思想还存在;人事干部对现代人力资源管理新理论缺乏系统学习和全面了解,人事工作主要还是遵从上级文件和决策,人事部门基本上处于执行层的角色,缺乏研究发展和管理层面的考虑。

(2)用人制度存在缺陷。"职务终身制"怪现象严重。教师职务"终身制",职称评定论资排辈,干部能上不能下,职工能进不能出,待遇能高不能低。由于没有竞争压力,一方面使一部分人缺乏危机感,助长了不思进取、安于现状墨守成规的懒惰思想;另一方面影响了教职工尤其是青年教师和优秀人才积极性的发挥,抑制了教职工的开拓创新精神。在用人机制方面,总体还停留在"静态管理"模式上,"动态管理"机制尚未建立起来,人员缺乏流动,人才缺乏交流等。在人才的使用上,一直是重文凭、重资历、重职称,实行"一纸任用,终身享受"的静态用人制度。

(3)激励机制相对缺乏。竞争激励机制运用不足,缺乏有效的激励措施,身份管理仍居主导地位,"论资排辈"的现象还广泛存在,造成人员积极性不高,竞争意识、危机意识淡薄,没有追求效益的责任和动力;分配制度中平均主义、大锅饭比较突出,"干多干少一个样,干好干坏一个样"。搞平均主义,"吃大锅饭",表面上似乎公平,实际上是不公平的,它违背和损害了"按劳分配,效率优先,兼顾公平,优劳优酬"的原则。导致许多教师特别是优秀人才的不公平感,其积极性也受到严重挫伤。

2.路径。针对目前我国高职院校人事制度上存在的问题,众多研究者提出,其根本改革方向是实现从传统人事管理向现代人力资源管理的转变。

(1)现代人力资源管理与传统人事管理的主要区别。第一,在管理内容上,传统的人事管理以事为中心,主要是对员工进行"进、管、出"的管理。而现代人力资源管理则以人为中心,将人作为一种重要资源加以开发、利用和管理,力求使每个人都能积极、主动、创造性地开展工作。第二,在管理方法上,传统的人事管理属于静态管理,现代的人力资源管理属于动态管理,强调整体开发,对员工不仅安排工作,还要根据组织目标和个人状况,为其做好职业生涯设计,不断培训,充分发挥个人才能,量才使用,人尽其才。第三,在管理手段上,传统的人事管理主要采取制度控制和物质刺激手段;现代人力资源管理采取人性化管理,考虑人的情感、自尊与价值,发挥特长,体现价值。第四,在管理策略上,传统的人事管理侧重于近期或当前人事工作,发挥战术性管理。现代人力资源管理更注重人力资源的整体开发、预测与规划。根据组织的长远目标,制定人力资源的开发措施。第五,在管理技术上,传统的人事管理照章办事,机械呆板;而现代人力资源管理不断采用新的技术和方法,完善考核系统、测评系统等科学手段。第六,在管理体制上,传统的人事管理属被动反应型,手段单一,以人工为主,很难保证及时、准确,并浪费人力、物力和财力;现代人力资源管理属主动开发型,根据组织的现状、未来,有计划有目标地开展工作。如制订人力资源规划、实施人才引进培养、决定薪资报酬等,工作富有主动性、创造性。第七,在管理地位上,传统的人事部门往往只是上级的执行部门、操作部门,很少参与决策;现代人力资源管理进入决策层,直接参与计划与决策,是具有战略和决策意义的管理活动,它把人力资源管理与单位的目标紧紧地联系在一起,成为单位发展不可缺少的一个重要方面。

(2)从传统人事管理向现代人力资源管理转变的途径。结合现代人力资源管理理论,针对目前我国高职人事管理方面的问题,相关论者提出了以人力资源理论指导的我国高职院校的人事管理改革途径,总结起来,其主要包括:解放思想,转变观念,牢固树立人力资源是第一资源的观念;促进高职院校机构编制改革,规范高职院校内部组织结构;建立符合高职院校办学规律,动态、有序、科学的用人制度;创新机制,建立以战略为导向的绩效考评机制,确保人力资源高效运作;建立一支高素质的战略人力资源管理队伍。

(二)中层干部管理

中层干部位于组织的中间层次,主要负责实施高层管理干部制定的总体战略与政策,一般关心较短一段时间的问题。作为中层干部,首先,要承担单位职责,达成组织目标,执行上司指示。其次,做好组织管理,带领团队达成任务,使各项资源充分有效发挥。最后,协调同事之间的矛盾。中层干部是高职院校管理队伍的中坚力量,在管理工作中起着承上启下的重要作用。一般而言,中层干部管理的基本职能有计划、组织、领导、控制四个。

1. 中层干部选拔与管理中的问题。有研究者系统研究了我国高职院校中层干部选拔与管理中存在的问题,论者认为,其主要包括五个方面:选拔方式单一,缺乏公平竞争机制;考核标准简单化,缺少创新的动力机制;制度不健全,缺少疏通清理机制;知识结构单一,管理能力有待进一步提高;综合素质不高,班子战斗力不强。

也有研究者指出了我国高职院校干部管理模式上的问题,其主要包括三个方面:第一,公立高职院校与社会力量举办的高职院校之间的界线不够清晰,随之带来干部管理的问题;第二,高职院校领导干部管理模式如何更好地适应高教发展趋势的问题;第三,高职院校领导干部条件与要求不够明确,选配渠道还不够通畅。

2. 中层干部选拔与管理的机制创新。针对高职院校中层干部管理与选拔中存在的问题,很多研究者提出了较有建设性的建议,归纳起来,其主要包括以下六个方面:转变观念,积极推进公开选拔任用机制;建立科学全面的绩效考核体系,坚持和完善严格的考评机制;积极推行干部轮岗交流制度,建立正常规范的良性更替机制;积极探索干部制度的改革,完善监督有力、纪律严明的监督管理机制;重视中层干部个体素质和工作能力的提高,完善教育培训机制;优化处系领导班子结构,加强团结,增强集体的战斗力。

有研究者对我国高职院校干部管理模式进行研究,在探讨相关问题的基础上,论者提出三点建议:要较为科学地划分学校类型,不同类型的学校采取不同的干部管理模式;简政放权,明确校长院长条件,分级管理,强化举办者在用人上的权责;建立高职院校校长、院长人才市场,发挥教育主管部门在干部配备上的优势。

也有研究者针对目前高职院校中层干部现状,结合绩效考核要求,构建了符合高职院校具体情况,"能够实现"的中层管理干部绩效管理体系。论者指出,在构建体系的过程中,一要更新观念,二要明确分工,三要明确绩效管理的流程。一个完善的绩效管理主要由五个环节组成,即绩效计划、绩效辅导、绩效考评、绩效反馈和绩效结果的应用。

(三)专业带头人的培养与选拔

1. 专业带头人的内涵与工作职责。有研究者认为,专业带头人是具有高尚的政治素质、职业道德素质和严谨正派的学风,具有较高的教学和科研水平,具有深厚的专业知识、较宽的相关学科知识面和较突出的专业研究方向,具有一定的专业研发能力,并能组织和带领本专业教师进行专业建设的拔尖人才。

根据高职院校教育教学实践,专业带头人的主要工作职责应当有以下几方面:(1)在对专业进行社会调查的基础上提出专业发展规划与专业设置或调整建议;(2)负责本专业的专业建设与教学改革,积极探索校企合作、工学(产学)结合的人才培养方法,培育专业特色;(3)组建专业指导委员会,在其中担任一定的职务并提出年度活动方案;(4)做好专业师资队伍建设,使本专业教师团队保持合理结构;(5)制订专业教学计划(专业教学标准)并组织专家论证;(6)组织编写本专业各类课程教学大纲(课程标准);(7)对本专业学生进行专业教育,跟踪教学实施过程,实施教学质量监控;(8)指导和参与校内、校外实训基地建设,安排本专业的实践环节并提出实践教学要求;(9)联系和落实本专业职业资格证书考试的相关工作;(10)实施本专业招生与就业工作,并对毕业生进行跟踪调查。

专业带头人作为示范性高职院校建设中的领军人物,必须具备主动适应高等职业教育改革和发展的需要,引领高等职业教育的专业建设与发展,要对高职人才定位及发展趋势、专业发展形势和目标、专业发展要求、专业的评价指标有较清晰的认识,而且对本专业建设方面要有比较深入的研究、独特的见解,要在本专业教育教学改革方面有所建树,能够取得同行公认的具有标志性的开拓性专业建设成果,更为重要的是,肩负着在示范性高职院校建设中带领教学团队完成"工学结合"人才培养方案的拟订、课程建设与开发等方面的责任。

2.专业带头人与学科带头人的区别。有研究者对高职院校专业带头人与本科高校的学科带头人进行系统比较,其主要包括以下两个方面:

第一,适用范围不同。普通高等学校的学科强调知识的系统性,在很大程度上,与人才培养、科学研究等关系非常密切。而高职教育的很多专业虽然是依托学科来设置的,但又不完全是依托学科,专业设置主要是从人才培养角度来说的,它要依托学科,但又不与学科完全一致。高职教育的定位就是要培养生产、建设、管理、服务一线需要的技术应用型人才,所以,高职院校应把专业建设作为龙头,因为专业就是人才培养的依托,是学校和社会的结点。因此,专业带头人的称呼更适合在高职院校中使用,学科带头人的称呼更适合在普通高等学校中使用。职业教育的一个重要特征就是职业性。所以我们提出"职业学校要以专业建设为龙头",不宜提"以学科建设为龙头"。为此,应当加强专业带头人的培养和提高。

第二,研究的侧重点不同。学科带头人是知识层次最高、能进行创造性劳动的宝贵人才,一般是指那些在学科发展中有重大成就并以其为核心而形成的学术梯队中杰出的学者。他们的研究活动侧重于学科理论的研究。他们能够带领、组织和协调科技队伍的活动,为本学科不断创新、发展而共同努力奋斗,达到国内外先进的水平。专业带头人重点是指导和从事专业建设与专业教学研究以及实践教学研究等。要培养和造就应用型、技术型人才,专业带头人就不能是纯学者型、教学型的,而是能教学、精通生产科技又了解市场经济的具有综合素质的多能型人才。既要有丰富的理论知识,又要有动手操作和科技推广能力,还要有经营能力和市场经营意识。只有这样,才能适应高职教学的需要。

3.专业带头人选拔与培养的问题与途径。相关研究者结合高职院校实践,探讨了我国高职院校专业带头人培养中存在的问题,概括起来,主要包括以下三个方面:培训费用过高,学校负担沉重;校企合作困难;评价标准不合理。对于专业带头人的培养,有研究者提出以下建议:第一,提升专业带头人的学历与职称;第二,加大对专业带头人"双师"素质的培养力度;第三,将专业带头人纳入高层次人才梯队建设。有研究者结合相关院校实践经验,论述了高职院校专业带头人的选拔范围、选拔条件、选拔程序以及考核管理等内容。

三、高职教育教师专业化与师资队伍建设

(一)高等职业教育师资队伍建设

1.培养模式。职技高师曾经是职业教育师资培养的重要手段,其发展经历了以下几个阶段:(1)独立设置的职业技术师范院校,其中 1979 年的吉林职业技术师范学院是第一所,之后由原国家教育委和国家教育部先后在全国批准建立了 12 所,后来由于院校调整和合并等原因,目前仅剩 8 所。(2)普通高校建立的二级职业技术师范学院。它是我国 20 世纪 80 年代后期至今主要的职业教育师资培养方式,全国共建有 300 多个类似的职业教育师资培养和培训基地。(3)"双证书一体化"师资培养模式。1992 年以来,天津职业技术师范学院探索了这一模式。有研究者提出,高等职业教育师资培养模式的构成要素包括指导思想、实施程序、操作策略、模式评价。并从培养目标、专业设置依据、教学内容、教学侧重点、教学方法、考核方法等方面,分析了高等职业教育师资培养模式与普通高等教育师资培养模式以及中等职业教育师资培养模式的区别与联系,认为由于高等职业教育师资的特殊性,其培养模式应采取二、一、一分段制,专业教育与师范教育由大学、企业和大学的教育学院或师范院校合作培养。

2.存在的问题。许多研究者关注了高等职业教育师资建设存在的问题,并提出了相应对策建议。综合这些研究,当前我国高职师资队伍建设存在的问题,集中表现为以下几个方面:(1)数量不足。随着高等教育大众化和高职院校的普遍扩招,高职院校的教师数量相对不足,生师比偏高,这种偏高在未来一段时间有可能进一步趋于严峻。(2)结构不合理。学历结构上具有博士、硕士学历的教师比例偏低,青年教师比重较大;从专业结构看,文化及理论课教师所占比例偏高,专业课教师不足,尤其缺少专业带头人和职教专家,专职教师比例低,兼职教师比例过大。(3)质量不高。教师来源渠道单一,多为毕业后直接任教,缺乏专业实践经验。在实训教学、现场教学、案例教学等方面的驾驭能力不理想。理论型、教学型教师多,技能型、实践型、创新型教师少。"理论型"教师多,"双师型"教师少。(4)管理不完善。教师聘任制度、考核制度、奖惩制度未能完全落实,无法达到激励竞争、优胜劣汰目的;教师待遇相对偏低;缺乏完整、科学的培养和培训体系。

3.对策建议。部分研究者从理论层面研究对策问题,有研究者围绕"学校—教师—社会"各个层面,从教育学的角度入手,提出应更新教师的教育观念,实现由"教师主导,学生主体"向教师与学生均为教育教学主体的"双主体"观转变,从而树立"双主体"教育理念;从教育管理学的角度研究,强调"校本管理",凸显"教师为本"理念;从教育政策学的角度分析,对教师的地位重新认识,提出提升教师地位的对策。

其他大部分研究者关注于实践层面的对策分析。综合这些研究,实践性的对策建议包括:(1)科学、合理地提高或调整高职教师学历知识和能力结构;(2)大力培养中、青年骨干教

师和专业带头人;(3)对现有教师培训提高;(4)大力引进"双高"人才和工程技术人员;(5)建立一支较稳定的高水平的外聘教师队伍;(6)建立健全优胜劣汰的考核聘任机制;(7)各级政府、教育行政部门要提高对发展高等职业教育的重要性和迫切性的认识。

(二)高等职业教育师资的心理状态与心理建设

1.工作满意度。工作满意度(Job Satisfaction)的研究最早源自霍桑试验(1927—1932),最早界定"工作满意度"的则是 Hoppock,他认为工作满意度是员工在心理与生理两方面对环境因素的满意感受,即员工对工作情境的主观反应。

(1)概念及其构成维度。大部分国内研究者对"高职教师工作满意度"也采取了综合性的定义。如有研究者将高职教师工作满意度界定为"高职教师对所从事的工作、职业以及工作条件完善的总体感受与看法"。

大多数研究者在实施调查时,都对高职教师工作满意度进行了参考架构性定义,即将高职教师工作满意度分解为若干个考察维度。如胡晓霞与王霞将其分为报酬满意度、奖励满意度、管理满意度、晋升满意度和同事满意度5个方面;陈晶、侯雪萍则分为对薪酬福利的满意度、晋升发展的满意度、人际关系的满意度、办公软环境的满意度、学校制度满意度和领导行为的满意度6类;贺光明则划分了工作本身、工作环境、薪酬福利、专业发展、管理制度、人际关系、组织气氛和职业倦怠8个考察维度。

(2)现状。一些研究者关注于高职院校教师的工作满意度研究,其中又以自编问卷的调查研究为主。由于问卷本身的信度和效度、问卷调查样本分布、问卷发放与回收方式等多重因素的影响,多项调查研究的结论并不一致。

贺光明的调查结论包括:①高职教师工作的总满意度较高,但在性别、是否兼职、是否兼有行政职务和学科因素上差异不显著,而在年龄、工作年限、学历、职称等因素上差异显著;②从具体维度来看,高职教师满意度最低的是薪酬福利,满意度最高的是人际关系,其工作满意度由低到高依次为薪酬福利、工作环境、管理制度、专业发展、工作本身、组织气氛、人际关系;③高职教师存在一定程度的职业倦怠;④从影响高职教师工作满意度的性别、年龄、工作年限、学历、职称等个人因素来考察,个人因素在高职教师工作满意度的有些维度上差异显著,在有些维度上差异不显著。

陈晶与侯雪萍的主要调查结论是高职教师对办公软环境的满意度最高,其余依次是人际关系、领导行为、学校制度、晋升与发展和薪酬。

胡晓霞与王霞的主要调查结论是高职教师工作满意度现状不容乐观,报酬满意度、奖励满意度、管理满意度、晋升满意度和同事满意度都存在不同程度的偏低现象。

(3)改善策略。此类研究最终大多落脚于改善高职教师工作满意度的对策建议,总结如下:①建立高职教师工作满意度评价体系,形成管理预警机制;②提高教师福利待遇,建立公平的薪酬制度;③加强校园制度和文化建设,增加教师参与管理机会;④改善教师学术科研条件,创新教师晋升进修制度,满足教师职业发展的需要;⑤缓解教师工作压力,使工作富有乐趣和挑战;⑥提高教师个人与职务及组织的匹配度。

2.职业倦怠。另外,近几年来,大量研究进一步聚焦于高职教师的职业倦怠问题。

(1)概念界定。现代心理学中,Freudenberger 被公认为是职业倦怠研究的开拓者。

1974 年,他在《社会问题期刊》中发表了一篇名为"Staff Burnout"的文章,首次使用"倦怠"(burnout)这一术语。他把职业倦怠界定为职业倦怠是助人行业中的工作人员因工作强度过高,工作时间过长,并且无视自身的个人需要所引起的疲惫不堪的状态,也是过分努力去达到个人或社会的不切实际的期望的结果。情绪衰竭、人格解体和低个人成就感是职业倦怠的三个核心组成部分。教师是职业倦怠的高发人群。教师体验到职业倦怠之后容易对学生失去耐心和爱心,对课程准备的充分性降低,对工作的控制感和成就感下降。

（2）现状。大量调查研究表明,我国高职院校教师存在一定程度的职业倦怠。综合大多调查研究的结论,我国高职院校教师的职业倦怠具体表现为:①男教师的职业倦怠比较严重;②31—40 岁教师的职业倦怠比较严重;③已婚教师在情绪衰竭与非人性化方面比较严重,个人成就感却比单身教师高;④教龄 6—20 年的教师职业倦怠状况较严重;⑤本科学历的教师倦怠状况严重,而且学历越高,非人性化越严重;⑥中级职称教师的职业倦怠显著高于其他类别教师;⑦"双师型"教师的个人成就感低于其他教师;⑧班主任的个人成就感低于非班主任;⑨双肩挑的教师的个人成就感也明显低于专职教师;⑩担任专业课的教师职业倦怠较为严重,个人成就感最低;⑪不同收入的教师在职业倦怠上有差异,收入低的教师倦怠感较强。

（3）成因分析。综合相关文献,对高职院校教师职业倦怠的原因进行分析,总结为以下几个方面:①社会因素。社会对教育期望过高,对高等职业教育评价过低;高职院校教师的社会地位（经济待遇、职业声望、社会权益）不尽如人意。②高等职业教育内部因素。高职院校自身建设不够,内部管理体制落后,组织氛围相对较差,学生素质较低。③高职院校教师职业因素。教师角色冲突、角色模糊,教师与社会相对疏离,缺乏专业发展的动机及自我规划的意识,教育工作见效慢等。④教师个人因素。包括对职业的热爱、特殊的人格特质、知识结构与能力素养等。

（4）对策建议。综合各研究对高职院校教师职业倦怠的对策建议,总结为以下三个层面:①社会角度。切实提高高职院校教师的社会地位,建议有效的社会支持网络,构建科学完整的高等职业教育体系。②高职院校角度。树立科学先进的管理理念,加强高职院校自身建设,关注教师专业发展,倡导人性化职业生涯管理,建立有效的高职院校教师心理健康评价体系。③教师个人角度。正确认识高等职业教育和自身所肩负的责任;树立高标准的职业道德规范和职业信念,正确认识职业倦怠,进行必要的自我调适。

（三）高等职业教育"双师型"教师

1."双师型"教师的概念及"双师素质"教师标准。2004 年教育部颁发的《高职高专院校人才培养工作水平评估方案（试行）》（教高厅〔2004〕16 号）明确提出了"双师素质"教师界定的标准。《方案》中提出:"双师素质教师是指具有讲师（或以上）教师职称,又具备下列条件之一的专任教师:有本专业实际工作的中级（或以上）技术职称（含行业特许的资格证书及其有专业资格或专业技能考评员资格者）;近五年中有两年以上（可累计计算）在企业第一线本专业实际工作经历,或参加教育部组织的教师专业技能培训获得合格证书,能全面指导学生专业实践实训活动;近五年主持（或主要参与）两项应用技术研究,成果已被企业使用,效益良好;近五年主持(或主要参与)两项校内实践教学设施建设或提升技术水平的设计安装工作,使用效果好,在省内同类院校中居先进水平。"

尽管教育部对"双师素质"教师进行了界定,但对于"双师型"教师的概念,研究者们却一直有不同的论述,大体上经历了由"双证书""双职称""双来源"到"双素质"等的演变。"双证书"指教师资格证和职业技能证,拥有"双证"就是"双师"。"双职称"即"双师",认为"双师型"教师是"教师+工程师"或"教师+会计师"等,即必须有两个以上的职称。"双来源"即从整个教师队伍的结构来说,一方面既有专职教师,另一方面又有兼职教师;既有来自高校的,又有来自企业的。"双素质"即"双师",认为从教师个体看,只要具备了相应的素质,即专业课教师既具备了全面的专业理论知识,又有较强的岗位实践经验,逐步向教师—工程师、教师—技师、教师—会计师等复合方向发展,也可视为"双师"。

2. "双师型"教师队伍建设的现状与存在的问题。近十年间,众多研究者对我国"双师型"教师队伍建设的现状进行了深入的分析,发现存在的问题集中在:在认识上,对"双师型"教师的内涵认识不统一,对双师素质也存在认识模糊。在结构上,高职院校的师资队伍结构还不尽合理。教师主要源自高校毕业生,"双师型"教师队伍的比例偏低,专业课教师普遍实践能力偏低,兼职教师队伍的建设有待加强;教师学历结构偏低,职称结构不合理。在管理上,教育经费投入有限,人才流失较大;专业兼职双师素质教师聘请和管理难;师资培训工作滞后;"双师型"教师队伍建设缺乏有效的激励机制;实践教学质量监控机制缺乏。"产学研"结合教育模式还未形成。在政策上,没有鼓励从企业、科研单位引进高级专业技术人员,具有实践知识和应用能力的人才引进难度较大;也缺乏鼓励教师取得"双师"资格的政策。

3. "双师型"教师队伍建设的对策。基于对现状和存在问题的分析,诸多研究提出了"双师型"教师队伍建设的对策。

(1)政府部门方面。舆论上应为"双师型"教师扬名,使"双师型"教师建设受到足够的重视。政策上,制订出有利于"双师型"教师发展的政策措施,如主管部门赋予高职院校诸如人事聘用、人事流动、工资奖金等方面的自主权,使学校能够制订可行的"双师型"教师培养和培训方案;在职称评定中对"双师型"教师倾斜;地方教育主管部门建立教师专业实习实训基地等。经济上,应加大投入改善"双师型"教师的待遇。

(2)高职院校方面。①学校应加强对"双师型"教师队伍建设的重视并制订和完善相关的政策制度。学校领导需要转变观念,重视"双师型"教师队伍的建设;学校应制订相应的建设规划,将兼职教师的培养纳入"双师型"教师队伍建设的规划;完善管理制度,包括"双师型"教师资格认定、遴选任用、职务聘任、工资待遇、考核奖惩、教师流动等方面的规章制度的制订与修改。②学校应努力提高"双师"素质,加强在职教师的继续教育。通过开展继续教育,进一步提高教师的学历层次;通过多种形式的教育,进一步优化教师的知识结构;加强校内的实验、实习、实训基地建设,加快培训基地的建设,充分利用在职教师资培训基地,进一步强化教师的"双师"素质;淡化理论课教师与实践技能课教师的人为界限;鼓励专业课教师参加相应的考试而获取职业资格证书。③学校和企业合作,实行联合办学。在高职院校开展"产学研"结合是建设"双师型"教师队伍的有效途径。在教学内容中渗透新科学、新技术、新工艺;在教学方式上建立实训中心和教学工厂;在教学过程中由校内向校外,由教室向生产现场延伸;在教学效果上通过嫁接、转化、推广和应用新科学、新技术、新工艺。通过"产学研"结合;锻炼出一支既有理论知识又有专业技术实践能力的"双师型"教师队伍。

(四)高等职业教育教师专业化与教师专业发展

1.概念与内涵。

(1)高职教师专业化。"高职教师专业化"是指为高职教师不断改进与提高,熟练掌握和运用自己本专业的知识与技能,以丰富的实践经验及实际动手能力为基础,以先进的教学手段和教育方法为依托,培养适应生产、管理、服务一线的高级实用型人才的过程。其标准包括:第一,教师要达到符合规定的相应学历,最好达到研究生学历。第二,教师要有一定学科领域的专业素养。专业素养不仅包括专业知识,而且包括一定的科研能力,就是综合、灵活地运用已有知识进行创造活动的能力。第三,教师应具有熟练的专业技能和丰富的工程实践经验,取得岗位资格证书,并具有产业服务能力。第四,教师要有教育专业的素养,掌握高等职业教育的基本特点和规律。一个教师能不能自觉地使教育活动顺应社会发展的需要和教育自身发展的需要,与他有没有教育理论素养,能否理解教育的本质,是否具有教育现代化的观念,是否掌握教育艺术有很大的关系。第五,教师要有较高的服务精神和职业道德,能够获得好的社会评价。第六,教师要符合一些与教师有关的特殊要求,如语言表达能力、组织管理能力、诊断学生学习的能力、较好的形象和气质、敏捷的思维等等。

(2)高职教师专业发展。有研究者从教师专业发展的三个基本范畴(专业知识发展、专业技能的娴熟和专业情感的健全)出发,结合高职教育独特要求的特定专业素质及技能,提出了高职院校教师专业发展内涵的四个方面:较高的人文素养、广博的知识、良好的探究能力和研究能力、较强的实践教学能力。也有研究者认为,高职教师专业发展内涵包括:①价值观引领下的教育理念与专业精神不断重构与塑造;②基于广泛学习的专业与非专业知识的不断拓展;③在反思学校日常生活基础上教育智慧的不断提升。

(3)二者的辨析。关于"教师专业发展"与"教师专业化"的关系,目前有三种不同的观点。第一种观点是从广义的角度来分析,"教师专业化"与"教师专业发展"这两个概念是相通的,即将"教师专业发展"等同于"教师专业化",认为教师专业发展就是教师专业化的过程。第二种观点认为,教师专业化和教师专业发展不是同一概念,这主要从狭义的角度说,认为"教师专业化"更多是从社会学角度加以考虑的,主要强调教师群体的、外在的专业性提升;"教师专业发展"更多是从教育学维度加以界定的,主要是教师个体的内在的专业化提高。这两个不同的思维角度是随着教师专业发展研究进程而不断明晰的。第三种观点认为,"教师专业化"包含着"教师专业发展"。持这种观点的人一般将专业化划为两个维度:地位的改善与实践的改进。"前者作为满足一个专业性职业的制度,进而从地位方面要求的过程,将教师职业作为一个职业,在多大程度上获得了作为专业性职业的地位问题。后者作为通过改善实践者的知识和能力来改进所提供服务的质量的过程,关注的是教师在展开教育行为时使用了多少专业知识技术问题;前者尽管因社会而有所不同,但一般包括强化分界、提高学历要求、建立自我管理团体等一些要素,后者的专业化实际上等于专业发展。"

2.现状与问题。许多研究都关注了我国教师专业化及专业发展的现状,并分析了存在的问题。这些问题可以从教师和学校两个层面分析。从教师层面上说,包括缺乏对自身专业发展的认识;缺乏课程开发能力,参与意识不强;缺乏专业实践能力,实践锻炼有待加强;职业指导意识模糊,指导能力不强;缺乏学术研究能力,外围环境不佳;缺乏社会交往能力,态度不够积极;缺乏高度的专业精神等。在学校层面,则主要表现为对教师专业发展保障措施不力,具体包括在职培训力度不够,质量有待提高;学校教学、研究等资源不足;教师交流合作平台支撑不够;学校激励机制不完善等。

3.途径与对策。有研究者从默会知识的视角看高职教师专业发展,重点构建高职教师默会知识的途径:重新重视和提倡"视图制"培养制度,以教育叙事反思自身的教育实践行为,营造一种有利于默会知识传播并体现企业文化的高职校园文化。

王丽主要从需要层次理论对高职教师专业发展的启示入手,结合激励理论以及高职教师专业发展的基本问题,认为要促进高职教师专业发展就必须从满足教师的多层次需要出发,增强其责任感和成就感,尊重其劳动成果,使他们感受到自身的存在价值,对未来充满希望,从而调动教师工作的积极性和自主性,使专业发展成为教师的自觉行动。

叶小明则对传统教师专业发展机理的批判和反思,提出了自己的高职教师专业发展观:以教师专业自主发展为核心;以"双师"资格为目标取向;以实践性知识建构为基础;以职校、大学、企业"三元"合作为培养模式;以多样发展为途径和以自我评价为主体。

综合相关研究提出的具体建议,包括以下几点:树立科学的教师发展理念,营造教师发展的氛围;加强教师岗前培训,缩短教学适应期;完善培训体系,搞好校本培训;加强"双师型"教师队伍的建设;开展校本研究,将学习、实践、反思和行动研究紧密结合。

通过对近年来高等职业教育人才队伍建设研究成果的梳理,不难发现,其总体呈现以下特点。

一,以实践研究为主,纯理论研究鲜见。一方面,大量高等职业教育人才队伍建设研究的选题来自实践,如师资队伍建设、人事制度改革等,尤其是许多研究主题侧重于现状调查和对策分析,体现出较为明显的实践导向。众所周知,实践研究往往并不能解决现实中的所有困惑,而需要理论上的突破和引领。然而,令人遗憾的是,目前的研究现状恰恰显示出了理论研究的缺失。纯理论研究不仅数量少,往往也难有高质量。另一方面,一些核心理论问题不先行加以解决,实践研究将缺少足够扎实的根基。

二,研究队伍多为一线工作者,研究方法较为多样。高等职业教育师资的研究队伍越来越壮大,其中许多研究者都是来自高职院校的一线工作者。虽然文献法仍然是研究的主要方法,但越来越多的研究方法也正被运用到研究中去,如调查法、个案法等都是当前高等职业教育师资研究较为常见的研究方法。

三,研究对实践的影响力有限,重复研究较多。总体而言,高等职业教师人才队伍建设研究对实践的影响力有限,这一点可以从近年来研究主题和研究结论的高度一致性中窥见一斑。在一些研究主题上,十年前研究得出的现状、问题与对策,与十年后研究得出的现状、问题与对策,相差无几。大量的重复研究,一方面说明先前研究对实践的影响力不足,另一方面也折射出我们的研究本身在质量以及理论联系实践、理论反哺实践上的不足。

(执笔人:唐林伟)

[参考文献]

[1] 陈晓军.效能视角下高职校长领导力与院校发展的研究[J].职教论坛,2012(4).

[2] 张爽.校长领导力的提升[J].教育理论与实践,2010(7).

[3] 刘国华.校长领导力:引领学校特色发展[J].教育发展研究,2008(Z2).

[4] 薛飞.关于提升校长领导力问题的思考及建议[J].教科文汇,2012(2).

[5] 张平.学校变革视野下的校长领导力研究[J].上海:华东师范大学,2009.

[6] 付建东.中职校长领导力研究[D].上海:华东师范大学,2007.

[7] 潘华胜.从传统人事管理到现代人力资源管理[J].消费导刊,2007(8).

[8] 黎晓明.论提高高职院校中层干部管理工作的有效性[J].管理探索,2010(20).

[9] 郑文姬.论高职院校中层干部选拔任用与管理机制的创新[J].黑龙江高教研究,2011(10).

[10] 沈传缘,等.高职院校领导干部管理模式与对策研究[J].浙江工业大学学报:社科版,2002(6).

[11] 刘明鑫,马希敏.高职院校中层管理干部绩效管理体系研究[J].辽宁经济职业技术学院学报,2012(1).

[12] 李蕾,张军.高职院校专业带头人培养策略研究[J].辽宁教育研究,2008(8).

[13] 何农.论高职专业带头人的选拔培养与使用[J].中国成人教育,2008(3).

[14] 易著梁.浅论示范性高职院校专业带头人队伍的建设[J].教育与职业,2008(26).

[15] 何农.论高职专业带头人的选拔培养与使用[J].中国成人教育,2008(3).

[16] 李焦明.高职院校专业带头人制度探讨[J].成人教育,2008(4).

[17] 于京波.我国高等职业教育师资培养的模式研究[D].长春:东北师范大学,2006.

[18] 罗志.高职师资队伍建设的多学科研究[J].职业技术教育:教科版,2003(4).

[19] 贺光明.高职教师工作满意度研究[D].长沙:湖南大学,2009.

[20] 胡晓霞,王霞.高职教师工作满意度的现状与对策[J].职业技术教育,2008(34).

[21] 陈晶,侯雪萍.高职教师工作满意度影响因素研究[J].无锡职业技术学院学报,2008(6).

[22] 贺光明.高职教师工作满意度研究[D].长沙:湖南大学,2009.

[23] 江秀华.高职院校教师职业倦怠的成因与调适[J].管理科学,2006(6).

[24] 刘素婷.高职教师专业化建设初探[J].教育与职业,2006(9).

[25] 刘作明.高职教师专业化问题思考[D].苏州:苏州大学,2008.

[26] 李庆原,等.高职教师专业发展探析[J].教育与职业,2006(23).

[27] 金泽龙.高职教师专业发展内涵与误区的分析思考[J].职业教育研究,2008(6).

[28] 王月玲.从默会知识视角看高职院校教师专业发展[J].成功:教育,2010(6).

[29] 王丽.需要层次理论影响下的高职教师专业发展[J].职业教育研究,2008(1).

[30] 叶小明.高等职业院校教师专业发展研究[D].武汉:华中科技大学,2008.

第二章　高职院校特色人才队伍体系建设

继国家颁布《国家中长期科技发展规划纲要(2010—2020年)》后,党中央、国务院随后颁布了《国家中长期人才发展规划纲要(2010—2020年)》和《国家中长期教育改革和发展规划纲要(2010—2020年)》,三个纲要的颁发和实施,既彰显了我国科教兴国和人才强国战略,同时,也向全社会昭示出我们党和国家在全面建设小康社会新的历史时期对科技、教育和人才工作的前所未有的高度重视。高职院校作为中国实施高等教育的重要机构,本身担着培养适应社会主义现代化的生产、建设、管理、服务第一线需要的高素质、高技能人才的光荣任务,作为集科技、教育、人才于一体的教育机构,自身的人才队伍建设更为重要。本章拟从高职教育的特点和规律出发,对高职院校特色人才队伍体系建设这一命题做一探讨。

一、高职教育基本特点分析

对于高等职业教育的属性和特点,有关方面和各方专家都会有不同的分析和见解,也基本形成了大致统一的看法,即立足职教性,发展高教性,具体而言,主要表现在以下六个方面:

(一)存在基础的职教性

这是高等职业教育的基础平台和基本立足点,也是高等职业教育作为我国高等教育类型的基本特征,正因为如此,其教育必须与职业、岗位、应用、实践联系在一起,培养的学生必须脚踏实地。

(二)发展空间的高教性

这是高等职业教育可持续发展的生命力和潜力所在,也是高等职业教育不同于中等职业教育的层次区别所在,更是高等职业教育不同于一般性岗位培训的区别所在;也就是说,其培养的人才在一定意义上也需要"仰望星空",其自身也有一个发展的体系。

(三)服务对象的区域性(行业性)

根据中国教育体系的大致分工,高等职业教育主要培养生产、建设、管理、服务第一线的高素质、高技能、高适应(应用型)人才,因此,其服务主要是面向区域或行业。就一所高职院校的具体定位而言,无论是立足××,面向××,放眼××,但基本上被分为两类:一类是区域性,更确切地说是以地级(市)为单位的区域性;二是行业性,一般而言,在省域范围内的行业,当然,从人文交流、交汇、交融角度看,一些院校如国家示范性高职院校,它需要对口支援,东西合作,跨出省域。

(四)教学模式的实践性

由于其人才培养规格和定位,决定了其人才培养和教育教学工作在根本上具有实践性特点,即强调理论联系实际,知识贯通应用,手脑并用,德艺双馨,学生不仅要知,更要会做。能够实现教学与实践零距离,达到毕业与上岗零过渡。

(五)办学体制的开放性

由于实践性、行业性(区域性)诸因素所在,高等职业教育区别于普通高等教育之特性就是它在办学体制、组织体系等方面都必须是开放的,学校能够充分地面向区域、行业、企业汲取信息,整合资源,为教育教学服务,为人才培养服务,为学生就业服务。

(六)人才队伍的双向性

为了更好地体现高等职业教育的属性,满足教育教学工作、人才培养工作、科研社会服务工作和学校事业发展的需要,高等职业教育在队伍建设上必须注重行业企业乃至政府等部门寻求广泛的兼职,形成相互兼职的双向互动人才队伍结构和体系,形成不求所有、但求所用的理念和制度。

二、高职院校人才队伍体系的主要内容

一般而言,人才可以分为三类:即学术型人才、应用型人才和技能型人才。《国家中长期人才发展规划纲要(2010—2020)》则把人才队伍建设概括为 6 支队伍,即党政人才、企业经营管理人才、专业技术人才、高技能人才、农村实用人才、社会工作人才。

我们认为,前者是从人才队伍建设的一般分类而言的,而后者则是从人才队伍建设的总体要求而言的。从前面分析到的高职院校的情况看,高职院校的人才队伍尚须进一步的具体化,更要从高等职业教育的特殊需要来考虑,具体来说,应该包括:

(一)专任专业教师队伍

高等职业教育区分于一般普通本科教育的特点,它是基于专业基点而非学科基点,专业和专业群是其配置资源的基本组织单元,专业的结构是其彰显办学特色和体现办学水平的重要标志,因此,从专业特点出发,根据专业规模发展和内涵建设的需要,建设一支数量适当、结构合理、素质优良的专任专业教师队伍,是其第一的和基本的要求,专任专业课教师队伍是高职院校应该放在首位的队伍,根据一般惯例,它应该做到:每一个专业都应该有1—2名副教授以上(双师素质)的高水平专业带头人,有若干骨干教师,并形成科学合理的梯队,构建一个实践锻炼平台和资格鉴定通道,有一个完整的继续教育和培养体系。

(二)专任基础课教师队伍

高等职业教育属于高等教育的范畴,它应该遵循高等教育的规律,在重视学生专业知识教育和专业技能培训的同时,一定要重视学生人文素质、专业基础乃至纯粹基础理论课程的学习,也就是说,基础课教学也要成系统。基础课就包括了语文、数学、体育、英语、计算机、经济、管理、法律、自然、人文、艺术、政治等。一般而言,基础课教师队伍应该做到专职化,在数量上要充裕,并有适当的学生选修机会。

(三)兼职专业课教师队伍

这应该是高等职业教育区别于普通本科教育的重要特点,它按照双主体要求,按1∶2的比例来配置,兼职专业课教师建设是打造专兼结合教学团队的基本要求,其建设目标是数量充足、结构协调、相对稳定、发展滚动、纳入常规。从某种意义上说,兼职专业课教师建设情况如何,是衡量一个学校开放办学水平和校企合作状况的重要指标之一。

(四)市场化经营队伍

高职教育的特点之一是经济性和社会性的统一,高职院校要深化校企合作、拓展工学结合,要充分利用品牌和人力资源优势,开展多层次继续教育和岗位培训,要开展科技开发和服务,要按照就业为导向的原则推进毕业生对口就业。顺利就业和优质就业,必须建立起高素质的市场化经营队伍,这个队伍的基本要求是市场意识强,市场敏锐性高,具有充沛的工作精力和一定的牺牲精神,忠诚学校,甘于奉献。其考核应该是参照企业办法,实行上不封顶、下不保底的办法。

(五)教育教学管理队伍

它包括直接从事教学、学生、人事、财务等方面的管理人员,也包括思想政治工作一线的队伍,其个体要求是专业、规范,其总体要求是精简高效,这一支队伍,根据学校运行的要求,有一个大致的结构比例和数量比例,也具有高等教育一般的共性要求。

(六)后勤服务队伍

学校是一个大的集体,也有一个硕大的校园,虽然在前些年改革过程中,后勤工作社会化成为一个趋势,但无论从哪个角度看,后勤服务队伍还是必不可少的,其要求是认真负责,默默无闻,忠于职守。

三、推进高职院校人才队伍体系建设

人才队伍建设事关重大,关乎发展。因此,无论是党委、政府还是各级各类单位都把人才队伍建设提升到重大战略,纳入到重要日程。所谓人才强校也就是这个意思,我们的思考是,应该采用"常规+工程"的办法来实施和推进。

(一)人才队伍建设的常规战略和策略

高职院校的人才队伍建设,应该做到如下六个方面:

1. 工作有战略。即必须把人才队伍建设纳入到学校党委和行政工作的重要议事日程,作为学校事业发展规划的战略重点,把它作为实现和推动学校改革发展的重要抓手和主要动力,切实做到战略上重视。

2. 日常有安排。学校有人才管理使用的职能部门,有人才引进培养培训的专门经费,有人才工作的协调领导小组,并构建起与学校事业发展相协调、与教育教学工作相一致的人才管理机制和办法。

3. 留人有办法。学校应该从知识分子的特点和规律出发,按照"尊重员工个性,注重员工发展,倚重员工德才"的理念出发,努力创造条件,做到"感情留人,事业留人,待遇留人",并形成有效的留人办法。

4. 激励有机制。从高职教育的特点和要求出发,充分考虑阶段工作重点和特殊需求,巧用奖惩措施,妙用激励手段,推动人才快速成长和有效发展。应该说,用工程推动的办法是一个有效的激励机制。

5. 进人有政策。从我国现阶段的特点出发,把好进人关,对于控制总量、优化结构、保证质量具有重要关系。因此,必须明确各类人才、各个岗位进人的基本标准,必须规范选人进人的基本流程,用明确的标准和规范的程序确保人才进口关。

6. 退出有渠道。把好进口,同时也必须找到出口,根据世界100强企业人才用工的调研,一个机体要保持健康持续发展,必须有奖惩机制,也包括退出机制。一般来说,增五减三(+5％,−3％)是起码,不能纳新,一个组织就没有新鲜活力,不能吐故,一个组织没有竞争压力,就会失去创新动力,从而不利于学校的发展。

(二)高职院校人才队伍建设中的工程推动方略

从高职院校实际情况出发,可采用以下六大"工程"推动高职院校队伍建设:

1. 专业带头人队伍建设工程。这是高职院校最为重要的人才工程,一所学校,如果能有一定数量的具有较强专业管理能力的专业带头人,在招生就业、专业教育教学、专业资源整合、以专业为平台的培训和科技服务等方面做出业绩,那么,这所学校就会有生机和活力,就有了办学的基本保证乃至重要保证;如果能在校企合作中,建立学校专任和企业聘任的双带头人机制,必然将有利于工学结合人才培养模式的推进,亦有利于高职教育的内涵建设和质量提升。

2. 学科(学术)带头人队伍建设工程。高等职业教育同样属于高等教育的范畴,因此,它必须履行人才培养、科学研究和社会服务三大职能,而且从事业发展、人才培养、社会服务等综合角度看,科学研究具有综合带动效用。正因为这样,加强高职院校的学科(学术)带头人队伍建设,采用工程推进的方法是有积极意义的,从高等职业教育立足职教性,发展高教性和可持续发展及其与国际接轨的角度看,则更会体现出其重要性和迫切性。

3. 青年教师素质提升工程。青年是民族的未来,也是国家的未来,当然也是一所学校发展的未来。由于高等职业教育大多为近十年大发展的产物,青年教师数量多,占比大,这支队伍能否形成健康成长的文化,快速成长的氛围,创新成长的机制,事关全局,事关长远。因此,必须用工程推动的办法,以奖和惩相结合的手段,创造让青年教师脱颖而出的环境,为青年教师快速成长、早挑大梁铺路架桥甚至设立专线。其平台是多方面的:科研有课题,教学有团队;锻炼有平台,进修有机会;发展有引领,成才有空间。

4.兼职教师队伍规范管理工程。由于高等职业教育的特点所在,高职院校需要聘请来自行业、企业一线的经营管理骨干和业务技术能手为兼职教师,由于兼职教师的非专任性,往往他们缺乏教育教学的理论和经验,但他们具有丰富的业务经验和操作技能。因此如何扬其长,避其短,也可以用工程推动的办法,通过兼职教师规范化管理工程,明确其聘任入围的标准、学习培训的要求和教育教学的规范。然而用经济激励等手段加以调节和激发,促进一支综合素质较高、管理较为规范、相对稳定发展的兼职教师队伍的形成并发挥作用。

5.博士教授工程。博士是最高学位,教授是最高专业技术职务。虽然,高职教育培养生产、建设、管理、服务第一线的应用型技能型人才,但从一所学校事业发展角度看,拥有一定比例和一定数量的博士学位获得者和教授专业技术职务人士,也是有意义的。采用工程推动的办法,既表明学校重视和支持的态度,也有利于将其纳入规范有序的发展范畴。

6.师德教风提升工程。教书育人是人民教师的天职,教师不仅要有较高的业务水平和教育技能,更应该有良好的师德风范和精神风貌。实施师德教风提升工程,通过教育、培训、考核相结合的办法,有利于教师队伍的整体提升,有利于培养和造就德才兼备的高素质高水平教师队伍。采用工程推动的办法,需要专项经费支持,需要专门管理办法。因此,当量力而行,积极争取。

(执笔人:周建松)

[参考文献]

[1] 潘懋元.合理分类,正确定位,科学发展,办出特色[N].中国教育报,2009-2-16(3).

[2] 程艺,等.大力发展应用性高等教育[J].中国高等教育,2009(22).

[3] 国家中长期人才发展规划纲要(2010—2020年).

[4] 国家中长期科技发展规划纲要(2010—2020年).

[5] 国家中长期教育改革和发展规划纲要(2010—2020年).

第三章　高职院校师资队伍建设机制研究

高职教育既是我国高等教育的重要组成部分,也是职业教育的组成部分,在既具高教性,又具职教性的特殊的教育教学组织中,师资队伍建设无疑是十分重要的,又是非常有特色的。从某种意义上说,特色的办学定位、特色的师资队伍、特色的文化环境,才能培育形成有特色乃至不可替代的人才,也才能确保高职教育恒久的生命力和可持续发展的能力。本章从中国高等职业教育的特点出发,就构建有特色、高水平、优结构的高职教育师资队伍作了探索和思考。

一、研究高等职业教育师资队伍建设的出发点

(一)职教性是高等职业教育的基点

高教性和职教性的统一是人们对高职教育的基本判断。然而,具体的理解则不尽相同,有姓"高"名"职"者,有姓"职"名"高"者,又有"高职"复姓者,或重在强调高教性或重在强调职教性,但笔者始终认为高等职业教育就是高职复姓。具体而言,它是基础的职教性和发展的高教性的有机统一体。基础的职教性,就要求我们在建设师资队伍时,必须考虑行业、职业、产业、企业对人才培养和师资队伍的要求,把了解实际、具有实践能力作为教师队伍的重要要求。

(二)高教性是高等职业教育的属性

职业教育是一个完整有机的科学体系,包括初级培训、中等职业教育、高等职业教育等,即使是高等职业教育,也有更丰富的内容和多重的层次。高等职业教育作为职业教育的高等层次,它属于我国高等教育的重要组成部分,因此,人才培养工作应该体现高等教育属性,因而,对师资队伍也应该有科学性、学术性的要求,也就是说,教师也应该有学术和科研能力。这是对教师的基本要求。

(三)行业(区域)面向是高等职业教育的特点

这一特点表明,高等职业教育不同于一般的综合性高等学校,它往往是或一般是专属于行业或区域之下的,这就是说,高职院校一般由某个地区或某一个行业主办主管,主要为某一行业或某一区域服务,正因为这样,行业(区域)特点、行业(区域)文化应该是高职教育办学的特点和重点,也应该成为师资队伍建设的重要导向。

二、高等职业教育师资队伍建设的一般要求

从高职院校作为院校的共同特点看,其师资队伍建设有三个最基本的要求,即:

(一)数量适当

与学校办学规模相适应,专业门类相协调,高职院校应该使教师队伍在数量上保持充足适当,必须满足生师比的基本要求,比如现在一般认为16∶1是高职院校生师比的一个适当指标。当前的情况是,由于学校规模发展快,又考虑成本等因素,不少学校尤其是民办学校存在着教师数量不足乃至严重不足的矛盾,这应该引起我们的重视。

(二)素质精良

素质精良是一个内涵丰富的概念,作为教师,其主要任务是育人,因此,教师首先必须具有良好的师德师风、良好的道德素质,从某种意义上说这是最为重要的;其次,不同类型的学校对教师也有不同的素质要求,作为高教性的高等职业教育,教师应该具有较高的文化层次,接受过高等教育是最基本的要求,接受过研究生教育乃至博士教育也应该是重要的导向,尤其是博士,应该是目标追求。除此之外,高职院校的教师应该有作为教师的基本素质,如语言表达能力、形象、品质、风度和人格影响力等。

(三)结构合理

学校教育不同于培训机构,它要培养相应学历层次的人才,因此,必须实现知识、能力、素质的有机统一,而要达到这一目标和要求,其人才培养方案本身就有丰富的内容和合理的结构,马克思主义理论课程、思想道德修养课、法律法规教育课、军事体育艺术课,不同专业的专业课程、专业基础性课程等,共同构成了教师队伍建设不仅有总量要求、素质要求,而且应该有结构要求,并且要以合理的结构来支持和完善数量和素质的要求,与此同时,高等职业教育作为高教性、职教性和行业(区域)性三者统一的复合体,本身就是一个非常重视结构的机体,实际上是说,高等职业教育教师的结构问题更加重要,更有意义,更体现办学特色和发展需要。

三、高职院校师资队伍建设的特殊要求

如前所述,建设一支数量适当、素质精良、结构合理的教师队伍,这是对高等院校教师队伍的一般性要求,高职教育要办出特色,办出水平,就必须从高职教育的特点和要求出发,做出特殊性要求,包括:

(一)双师组合

高等职业教育高教性与职教性的统一,尤其是职教属性为基础的特征,这就决定了结构问题在高职院校师资队伍建设中的重要地位,同时,能够体现职教属性的师资结构特征就是双师组合。从队伍配比看,既要有会上理论课、从事学理性教学的教师,也要有会上实践课教学、从事实践指导的教师;从教学能力看,教师既应该有较高学术和理论水准,也应该有较强实践能力;从职业准入看,教学人员既应该取得教师资格证的教师,同时也应该有取得执业资格证的要求,或者说,高职教师应该是同时具备传统意义的高校教师资格证和行业执业资格证书的教学工作人员,这就是我们通常所说的双师组合的教学团队。

(二)专兼结合

如果说双师组合是高等职业教育师资队伍结构建设的重要要求,那么如何来实现双师组合就显得十分重要。就个体而言,某个教师有双师结构、双师素质、双师能力,这固然非常重要。但现实生活中,受体制机制和个人潜质等方面影响,客观上比较困难,也难以持久有效。相对科学有效的办法是通过校企合作、校行结合、校政协作的途径,建立起相对固定又动态优化的兼职教师队伍体系。同时,积极推进专任教师挂职锻炼机制的形成,以真正实现专兼结合的建设目标。专兼结合,能够较好地解决理论和实践结合,培养学生知识、能力和素质的统一。

(三)机制融合

专兼结合在理论上容易成立,但在实践上仍然比较难操作。近年来,不少高职院校以示范建设为动力,做了大量探索和实践,也形成了可喜的成果,但较多地停留在以感情交流、相互支持等为基础的协作关系,并建立在个人层面。因此,机制十分脆弱,要真正做到专兼结合,必须在机制融合上下功夫。具体方法有,国家(或)地方教育行政主管部门和劳动人事部门,面向社会公开选拔一批兼职教师,规定条件,经过选拔,确定资质,并实行年检制度、培训制度和薪酬制度,高职院校根据对口和需要决定聘任。这实质上是说,一是专兼结合教师队伍建设要从学校层面走向教育和人事部门。二是要突破人才部门(单位)所有制界限,实施优秀人才社会公共所有制。三是由社会、教育、人事和学校、企业共同建立兼职教师融合教育的机制。

四、高职院校教师素养的个性要求

无论从哪个角度看,教师的个体素质,是教师队伍建设的基础,广大教师的良好素养和水平,决定了高水平教师队伍的形成,教师个体素质至少包括以下几个方面:

(一)强调三种经历

这是说,一个合格的、优秀的教师必须具有三个方面的经历,一是高等教育的学历,如果能够有硕士乃至博士的学历则更好;二是企业经历,不仅要了解行业企业的情况,有行业企业从事具体工作的经历,而且应该把了解行业企业,在行业企业挂职实践成为制度;三是育人履历,这是教师对教书育人职责的要求,是要求教师能够有丰富的育人工作的经验和经历。

(二)注重三项能力

这是说,一个教师至少具备三个方面的能力,一是教学和指导实践的能力,不仅能教好一门或者二门课,而且要有指导学生具体做的实践能力;二是育人和指导职业生涯规划的能力,真正能做到教书育人,做学生的知心朋友,指导学生科学规划人生,实现人生科学和谐发展;三是科研和社会服务能力,教师必须充分利用自身优势,积极开展科学研究和社会工作,为行业企业、政府决策,为社会进步、企业发展做贡献。

(三)推进三方融入

要实现教师的成长和发展,必须积极创造条件,为教师成长和为社会贡献创造条件,一是融入政府部门,提高服务决策能力。高等职业教育办学过程中,必须以政府为主导,因此,了解政府的需求,研究政府的动向,必须为高职院校的教师所关注;二是融入行业企业,提高服务社会的能力。高等职业教育发展必须以行业为依托,了解行业,服务企业,以行业发展为指导,应该成为高职教育发展的主旋律,作为学校干部和教师,应该切实把融入行业企业作为重点;三是融入科研院所,提高学术服务能力。高职教育是高等教育的重要组成部分,必须在加强职教性建设的同时,着力高教性建设,提升科研能力和水平,更好地为社会服务。

五、推进高职院校师资队伍建设的具体举措

当前,全国上下正在认真贯彻学习《国家中长期教育改革和发展规划纲要(2010—2020年)》,大力推进职业教育发展,其中,提高师资队伍水平,提高教师的教学能力、育人能力、科研能力和服务能力是一个重点,具体举措有:

(一)政府重视

职业教育是唯一列入《规划纲要》需要"大力发展"的一个教育类型,职业教育要大力发展,必须要有强有力的政府举措。作为职业教育办学水平的核心标志,师资队伍建设必须纳入政府支持的重要环节。所谓政府支持,就是政府必须将建设一支高素质的高职教育教师队伍纳入到政府议事日程,并推出相应的措施予以支持,比如实施职业教育教师的实践能力(双师素质)提升计划、学历提升计划、国际化能力提升计划等。这类计划

必须在学校重视的同时,得到政府部门的重视才得以有效进行,只有财政、教育、人事乃至党委组织部门将高职院校的教师培养纳入规划,并有积极行动,才有利于切实提高高职教师队伍的水平。

(二)工程推动

政府重视的直接措施至少有三个方面,一是专项投入,二是专项考核,三是工程推动。实践证明,专项投入、专门考核和工程推动三者相互结合,成效显著。采用工程推动的办法,以××人才工程、××人才项目的办法,辅之以专门的财政投入和专项考核,一定会产生积极的效果,如浙江省委组织部、科技厅等七部委组织的"新世纪151人才工程",教育部的"百千万人才工程",实践证明是十分成功和有效的。高职教育队伍建设的关键是参照这些机制,开展有针对性的工程推动方法来解决高层次职业教育师资问题。

(三)科学定编

解决高等职业教育的师资队伍,不仅有素质提升问题,还有结构优化问题、总量控制问题。结构问题和总量问题的原因是各方面的,规模发展快,师资总量增加不够快,专兼结合机制结合难等都是重要原因,对于高职院校来说,编制不足是一个普遍矛盾(当然编制不足的背后更有投入不足问题),而编制不足的原因,是因为我们对高职院校沿用了过去中专时期的基数管理办法。近年来,高等职业教育实现了大发展,但管理体制和机制没有相应跟上去,使得高职院校在职教师普遍编制不足,这在一定程度上制约了师资队伍建设的发展。与此同时,由于高职教育实践性的要求,要求必须有一定数量的教师每年有一段时间或每几年有一段实践保持轮岗实习,这样,对高职院校教师的编制应该更宽松一些。

六、当前高等职业教育师资队伍建设的着力点

经过三十多年尤其是这十多年的发展,高职教育规模发展的阶段已经基本结束,高职教育进入了内涵建设和提高质量的新阶段。在这一背景下,高职教育的师资队伍建设必须按照校企合作、工学结合和开放办学的要求积极进行推进,切实解决以下三个关键问题。

(一)专任教师的高教性与职教性相统一的考核、评价和晋升机制问题

无论从哪个角度看,专任教师是高职教育的主体,专任教师的素质、能力和水平,对高职教育提高质量、提升内涵至关重要。当前的问题是,对教师的评价考核和晋升机制不完善、不科学。其中主要的矛盾是使用过程中的职教性和考核指标上的高教性,这二者不吻合、有矛盾。一方面,我们按职教性要求进行教师的培养和使用,另一方面,我们却必须按高教性来要求完成教师的专业评价和职称晋升。这一点,在有关专业技术评审、在有关专项人才评定过程中尤为突出,如何从两者结合的角度来落实高职教师队伍建设问题需要认真解决,必须按"职教性基础"和"高教性发展"的有机统一来解决高职院校教师的评价、晋升机制。

(二)兼职教师的动力机制和保障机制结合问题

高职教育的内涵建设需要一大批理念认同、素质精良、具有保障的兼职教师,这是无可置疑的,但当前的矛盾是,兼职教师的形成既无社会舆论的支持条件,也无财政投入的保障条件,又没有担当责任的体制条件,"不公开、靠人情"是基本状态。要大力发展高等职业教育,解决高等职业教育的水平和队伍问题,必须用机制保证的办法来解决这一问题。也就是说,要从社会舆论上使兼职教师感到光荣和坦然,要从体制机制上使兼职教师感到有前途和受保障,要在薪酬保证上对兼职教师具有吸引力,只有这样,高素质兼职教师队伍才会真正形成。

(三)专任教师企业挂职锻炼的保障机制问题

提高教师尤其是青年教师的实践能力和水平,并形成长效机制,这是建设一支高素质教师队伍的重点,也是高等职业教育办出特色和水平的需要保障条件。近年来,各所院校为提升教师实践能力和水平采取了大量措施,并投入了不少人力和财力,也收到了明显的效果。但坦率地看,这主要是出于示范建设等考核需要,真正的机制和氛围并未形成,而外部有效条件更无保障,如基地的规范性问题,挂职期间的管理机制问题,挂职期间的待遇问题,挂职后的回校保证问题,接受挂职的义务和权益问题等,政府部门应该有明确的规章和统一要求,现在单一地依靠学校自觉、企业支持的方法并非长久之计,应该有更为完善的办法,并真正纳入政府统一管理之中。

(执笔人:周建松)

[参考文献]

[1] 赵春雪.职业教育师资队伍建设与发展[M].昆明:云南大学出版社,2007.
[2] 王武林.产学研结合与高职师资队伍的培养[J].黑龙江高教研究,2004(10).
[3] 任伟宁.高职教师的关键能力和师资队伍结构模式研究[J].教育与职业,2008(23).
[4] 赵惠琳.论高职院校"双师素质"师资队伍体系的构建[J].教育与职业,2010(32).
[5] 张铁岩.高职高专师资队伍结构的研究[J].高等工程教育研究.2002(4).

第二编　高职院校师资队伍建设

第四章　高职院校专业带头人培养

在高职院校的队伍建设中,专业带头人是一个特殊的群体,也是最为重要的人才队伍群体。它既是师资队伍建设的重要组成部分,同时也是管理队伍建设的重要组成部分,或者确切地说,他们是教学研究和教学管理的复合型人才。因此,如何培养和造就一支高素质的专业带头人队伍,对于深化内涵建设,推动高职教育可持续发展,促进人才培养质量的提高,办出特色,办出水平,意义十分重大。

一、专业带头人作为高职院校独有概念的提出

众所周知,在普通高等院校,学科(术)带头人是一个非常注目的概念和范畴,培养和造就一大批学科(术)带头人已经成为高等学校共同的任务。而在生产经营单位或者科研单位,则通常套用技术带头人这一概念来培养和造就学术梯队。政府部门尤其是科委、人事厅等部门也都采用如"151""百千万"模式来推进人才队伍建设,但未曾也较少出现专业带头人这一概念。

专业带头人之所以成为高职院校独有的概念,是与高等职业教育的特点相适应的。高职教育作为一种新型的高等教育形式,它的任务是培养适应生产、建设、管理、服务第一线需要的高素质、高技能、应用型人才。它直接面向职业岗位和岗位群设置专业,以专业为单元构建教学管理体系。从科学的角度看,它应该建立以专业为单元的事业部管理体制,但受到现实运行中诸多观念的影响,院、系两级管理成为基本模式。但无论如何,专业建设已成为高职院校办学和教学管理水平的重要指标,教育部颁发的多次评价体系都把专业设置、专业管理、以专业为单元的建设作为重要指标。国家示范高职建设明确提出以专业建设为龙头。相应的,作为高职院校,专业带头人被摆到了重要的位置。

作为高职院校独有意义上的专业带头人,它主要是指负责专业人才培养方案设计、专业教育教学组织、专业学生管理(包括专业思想巩固、专业学风建设、专业就业目标确立)、专业就业市场开拓等工作的负责人。当然,专业人才培养方案设计和专业教育教学的组织是最重要的。它既包括了对市场的调研,人才市场需求的预测;也包括对教学内容的取舍和选择,师资队伍结构的设计,尤其是专兼结合教学团队的组建,教育教学工作的具体落实,本专业校内外实践(实训)基地的建设等。正因为这样,专业带头人(专业主任)可能是教研室主任的工作,但它一定比教研室工作内涵更深,范围更广,要求更高。

按照专业建设和管理的要求,高职院校的每一个专业至少应有一名带头人,且要形成梯

队。大的专业或主体专业应该形成一个专业带头人组织,一般应有 3 人;即使是小的专业,也应该有 2 名以上具有副教授及其以上的专业技术职务的教师作为本专业带头人,以其为骨干,引领和带动整个专业的建设和发展。

从高职院校建设和发展要求看,造就一支高素质的专业带头人队伍是非常重要的。这是因为:第一,考察一所高职院校的办学水平,首先必须看这所学校有没有一定数量的建设稳定、规模较大、水平较高、市场占有量大、外部影响力强、招生受到考生青睐、就业受到市场欢迎的专业。如果这一点成立了,高职院校的情况一般就是比较好的。第二,高职院校以就业为导向办学,就必须以就业为导向组织教学,并以此设计人才培养模式和方案,其设计运行的主体就是以专业为单元。第三,专业建设的成功,既取决于学校办学的总体水准和办学条件,更在于专业带头人的组织和推动。若干较为成熟、受到市场欢迎的、具有品牌与特色的专业建设的成功,将成为学院发展的坚实基础。正是从这种意义上说,专业带头人及其整体队伍建设在高职院校是非常重要的。

二、专业带头人必须具备的综合性、高素质要求

如前所述,无论从高职院校的办学特点,还是从专业建设的要求看,专业带头人应该具有十分综合性的高素质要求,是真正意义上的复合型人才。

(一)专业理论知识和业务能力要求

顾名思义,专业带头人首先必须是专业学术上的带头人,具有较强的专业理论知识和过硬的本专业业务能力。在本专业业务和学术领域,他应该具有较强的学术水平和学术影响,具有过硬的或较好的专业背景,为对口专业或相关专业的硕士及以上学位获得者,具有本专业或相关专业副高职级以上专业技术职务等。或者在本专业领域有丰富的实践经验和工作业绩,如果专业带头人是本专业领域的知名专家,具有广泛的学术和社会影响,自然更有利于专业的建设和发展,也有利于专业市场的开拓,有利于本专业毕业生就业工作的顺利。

(二)教学设计和组织管理能力

专业带头人要在学院教务管理部门指导下,具体负责本专业教学计划(人才培养方案)的设计,课程和教学内容的安排,并将教学计划和人才培养方案组织实施。这就要求专业带头人不仅要懂得本专业知识和理论,而且要求专业带头人必须懂得教育、教学规律,熟悉教学管理,成为教学管理方面的行家。

(三)学生组织和班级管理能力

专业带头人与教研室主任从本质上的不同点在于,他既要管教,也要管育;其中管育是十分重要的一条。一个优秀的专业带头人,很希望自己是指导本专业的班主任,直接或间接进行班级的学生管理,即使不担任班主任工作,一般也要求专业带头人负责学生专业思想的巩固,负责始业教育,负责学业就业指导和教育,负责毕业教育。每一个学期,每一个教学阶段负

责安排学生的实习、实践、实训,包括认知实习、见习,综合实践、毕业实践等。如果实行工学交替办学模式改革,推行订单式培养,则专业带头人还要负责安排教师带队和实习培养单位的协调工作。因此,了解学生、熟悉学生、带领学生、指导学生、培育学生也是其职责之一。

(四)外部市场预测和开拓能力

一个优秀的专业带头人不能仅局限于做一个造诣精湛的学术领域的专家,一个踏实工作的内部管家,还应该是外部市场的积极而有效的开拓者。因为高职教学必须以就业为导向,以就业为导向就必须正确面对市场,必须了解市场,必须适应市场形势变化,必须开拓新的市场;建设一支以生产建设、管理服务第一线专家和业务骨干为主体的兼职教师队伍;建立一定数量的就业、实践基地,满足毕业生就业市场发展需要的产学合作网络。即使是人才培养方案的设计,也需要在大量市场信息调研的基础上才能形成。因此,市场开拓能力是专业带头人重要的素质和能力要求。

(五)专业教研室内部的凝聚力和横向协调能力

一个专业就有一个专业团队,一个学校的主体专业或专业群便是一个很大的团队。本专业的专业课教师可能有 10 多人,再加上需要开设思想品德课、法律课、体育艺术课、专业基础课、公共选修课等,才能完成整个内部教学计划。在杭州下沙高教园区这样的高校聚集区,还有高校之间的合作共享机制。因此,专业带头人要真正把专业建设好,把本专业毕业生的就业工作做好,必须在提升自我、完善自我的同时,用有效的激励机制,以率先垂范的方法凝聚和调动本专业全体教师的力量,推进本专业团队素质的提高。与此同时,要加强校内横向协调,主动争取人事、教务、学生、财务、设备、招生就业部门以及其系部和教研室的支持与协作,这就对专业带头人提出了更高的要求。

(六)专兼结合教学团队的设计组织者

一个专业,必须有一个专兼结合的教学团队,而且应该是互补共享共建的有机共同体,正因为这样,专业带头人,不仅要管好内部,更要研究外部,组织教学指导委员会,组织兼职教师,聘请行业企业专家等,而他(她)本人,则是一个总指挥、总策划。

三、如何培养和造就一支高素质专业带头人队伍

如前所述,专业带头人一方面为提高高职院校教育质量所必须和所特有,同时又具有很高的能力与素质要求,足见建设一支高素质专业带头人在高职院校改革发展中的重要作用。正因为这样,造就一支高素质专业带头人队伍也是高职院校所必须和迫切的。

(一)充分认识这支队伍建设的重要性

在高职院校,培养和造就一支高素质专业带头人,不仅是必要的,而且是十分迫切的。这是因为我国的高职院校大多由中职升格而来,另有一部分为社会力量新建,教师队伍薄

弱,专业带头人、学术带头人缺乏,这是一个相当普遍的现象。即使新高职发展已十年的今天,这种现象仍然存在。而专业带头人应该是学术带头人基础上的复合型人才,更显得珍贵和重要。正因为如此,重视和加强专业带头人,不仅仅是教学部门的事,也不是某个局部的事,而是全校整体的大事,必须纳入党委、行政工作的重要议事日程,成为党政工作一把手所要抓的重要工作,必须成为全院的共识。

(二)花大气力用硬措施挑选和培养

专业带头人在学校人才培养工作中的重要性和对其能力素质的高要求,决定了必须着力挑选和培养。首先,要立足于培养,要把对事业忠诚、对工作负责、有培养前途的中青年教师通过专业深造、实践部门挂职、工作岗位上锻炼等途径,使其提高水平,达到作为专业带头人的要求。其次,要积极引进,要放开视野,解放思想,着力从实践部门和高等学校、科研院校有针对性地加以选聘,选聘优秀人才经过培养训练尽快达到高职院校专业带头人的要求。再次,可通过公开竞聘的方式,注意发现本单位各方面的人才,从中选拔和发现专业带头人。

(三)建立科学有效的激励机制

培养和造就高素质的专业带头人队伍,必须建立健全激励机制。要制定专业带头人的补贴标准和考核办法,要保障专业带头人的条件和工作待遇,形成专业带头人的梯队,建立专业带头人的淘汰机制,从而真正形成干与不干、干多干少、干好干坏都不一样的工作机制,充分调动专业带头人工作的积极性。加大和吸引更多的优秀教师充实到专业带头人队伍中来,吸引到专业带头人的竞聘机制中去。

(四)构建政府部门的支持和培养机制

国家和省有关部门应该从高职教育特点出发,建立高职院校专业带头人专项培养机制,由教育、人事、财政、科技等部门联合,乃至行业、外事等部门参与,用财政专项及办法,辅助于出国和锻炼的多重办法着力培养专业带头人,根据情况可建立国家、省、校级三级带头人培养机制。

(五)营造专业带头人重要和光荣的氛围

在高职院校,专业带头人有大量的工作要做,甚至可以说有做不完的工作,我们既不能只给专业带头人布置工作,压担子、提要求,也不能设置许多目标和指标,没完没了地考核和评价。压担子是必需的,提要求也是必要的,考核评价、布置工作也是必然的,但是更重要的是要为其创造工作环境和工作氛围,营造专业带头人重要、光荣的氛围,并积极创造条件,使专业带头人的权益得到根本保障,待遇得到切实提高,条件得到充分落实。

(六)实现"要我干"向"我要干"的角色转换

专业带头人是一个十分鲜明的职位,但更是工作任务重、工作压力大、工作要求高的职位。在学院发展进程中,教务和人事部门要善于发现和培养专业带头人,要使用和管理好专业带头人,也要保护和落实好专业带头人的积极性。要通过多种途径,创设多种条件,营造多方氛围,吸引教师主动要求成为、自觉竞争成为、提高达到成为专业带头人,形成有序竞争、竞争提高、提高充实的氛围,变"要我干"为"我要干""我要干"为"我要干得更好""我要干得更好"为"我要带领大家一起干好",我们的事业就成功了。

四、专业带头人培养——以浙江金融职业学院为例

浙江金融职业学院是在国家级重点中专浙江银行学校基础上,于2000年6月开始筹建建设的。从建院初期,我们就按照教育部的要求,在重视专业课程建设、师资队伍建设、校内外实训基地建设、教风学风建设的过程中,十分重视专业带头人队伍的公开选拔。批准筹建后的第1号文件是《浙江金融职业学院(筹)筹建与运行若干意见》(22条),第2号文件就是《关于专业带头人的通知》,经过5年的努力和培养造就,一支高素质的专业带头人队伍已基本形成,并在专业课程建设和教学管理、人才培养乃至学院全面发展中起着越来越重要的作用。在2008年开始的国家示范性高职院校建设中,更是把握住专业建设龙头,把专业带头人的引进、培养和提高摆上重要议事日程,着力从机制和体制上建设和管理好专业带头人队伍,并发挥其在教学和管理中的积极作用。从浙江金融职业学院的实践看,大致的做法是:

一是全院公开招聘,面向高校、科研单位和实务部门的选聘,然后综合加以培养,在鼓励教师领衔开设新专业的过程中发现培养和造就。

二是采用工程推进的方法纳入工程管理网加以培养,继2000年公开招聘后,又于2003年3月学院师资队伍工作会议上作为师资队伍建设的三大工程之一加以推出,即"专业带头人培养工程";2006年3月召开的学院第二次师资工作会议,再次作为八大工程之一即"专业带头人培养"和"管理工程"加以推出,2010年又专门建立工程。

三是不断提高认识,加深对专业带头人重要性的认识和作用的发挥。目前全院正在营造"让教学水平最高、科研能力最强、敬业爱岗最佳的教师担任专业带头人,使专业带头人成为最受师生尊重、最受社会欢迎和认同、收入最高和待遇最好的光荣群体"的氛围。据此,专业带头人在本校真正完成了地位的明确、待遇的落实和作用的认识与认同。

在工作中,学校对专业带头人争取了一些优先办法和措施。具体为:

一是"三优先":申报科研课题和教改项目优先;出国进修和参加学术研讨会优先;申报高一级专业技术职务和攻博优先。

二是"三化"即中层化。尽可能让专业带头人进入中层职位,提高其在学院事务中的地位和发言权,不是中层的,尽量参加中层的活动;社会化。创设条件,让其担任研究所、项目组课题组的负责人,使其更好地进行组织能力锻炼和学术带头能力的培养;团队化。以专业带头人为核心组建教研室,形成工作团队,有利于开展工作。

三是"三倾斜":工作安排倾斜。一般给予每周至少3课时的课时减免;工作条件倾斜。在办公室安排、通信条件等各方面给予倾斜;津贴奖励倾斜。比同类同龄人员享有更好的经济待遇和工作所得。

(执笔人:周建松)

[参考文献]

［1］中华人民共和国教育部，中华人民共和国财政部.关于实施国家示范性高等职业院校建设计划 加快高等职业教育改革与发展的意见.

［2］中华人民共和国教育部.关于全面提高高等职业教育教学质量的若干意见.

［3］周建松.高职院校内涵建设研究［M］.杭州：浙江大学出版社，2006.

第五章　高职院校学术带头人培养

在中国高等职业教育蓬勃发展进程中,理论界和教育界曾经对高等职业教育的性质和定位发生过争议:高等职业教育的重心究竟是抓产学合作还是要产学研结合发展。与之相关的,关于高职院校要不要抓科研,要不要培养和造就学术带头人队伍的问题亦有过争论。但是经过一段时间的讨论,现在总体已达成共识:高等职业教育作为高等教育的一种类型,它同样承担着人才培养、科学研究、社会服务、文化传承与创新的基本职能,需要进行学术研究,需要致力于培养和造就一支高素质、高职称、有影响力的学术带头人队伍。本章拟就高职院校学术带头人建设话题,进行思考和探讨。

一、高职院校建设和发展需要学术带头人

高职教育既是我国高等教育的重要组成部分,也是我国职业教育的有机组成部分。有人曾精辟地分析道:相对于我国整个高等教育而言,高职教育是一种新型的高教形式;相对于职业教育而言,中职教育是主体,高职教育是龙头。因此,实现高教性和职教性的统一,承认高职复姓,是高等教育发展的内在的、必然的要求。在此认识前提下,高职院校学术带头人的建设必须纳入重要工作日程。

(一)发挥高职院校整体功能需要学术带头人

我们认为,高职教育的主要任务是培养适应社会主义现代化建设的生产、建设、管理、服务第一线需要的"下得去、用得上、留得住"的高素质、高技能应用型人才,注重学生能力的培养是高职教育的重要特征,也是贯彻以就业为导向的教育改革的重要内容之一。而要培养学生的操作能力,教师本身的业务能力是前提,"能"师才能出高徒。同时,双师型教师对高职院校提高教育质量、办出特色和水平是非常必要的,必须纳入高职院校建设和发展的重要议事日程。但是,高职院校作为中国高等教育的重要组成部分,必须全面履行高等院校的四大基本职能,在做好人才培养工作的同时,以知识贡献、社会服务等途径展示和提高自己。而在高职师资队伍素质提升上,没有一定数量、具有较高水平和社会影响的学术带头人引领是不现实的,是难以实现高水平、高质量高职院校办学目标的。

(二)提高高职院校教育质量需要学术带头人

高职院校实现人才培养功能、提高教育质量,必须加强师资队伍建设,形成一支素质精

良、结构合理、数量充足的师资队伍,其中结构合理是十分重要的,它包括年龄结构、学科结构、专业结构、学缘结构、权威结构等内容。在此过程中,培养一部分理论造诣较高的学术带头人和实践操作能力较强的双师型教师对于优化师资队伍结构具有重要价值。如果没有一定数量的学术带头人,至少说明高职院校的师资队伍结构是不尽合理的,也难以实现高水平的教育质量,培养高素质的人才,引领高职院校科学发展。

(三)加强高职院校专业内涵建设需要学术带头人

高职院校必须抓专业内涵建设,必须拥有一定特色和办学水平的学科,这是学校事业发展的必然要求。而专业和学科建设必须要有一定数量和较高质量的学术带头人来引领,通过学术带头人的引领,才会形成充满生机的专业建设格局,才能推动学院工作的全面展开。古今中外学校发展的实践证明:能否培养并切实发挥高水平的学术带头人引领作用对于形成有特色和水平的学科与专业具有决定性影响。

(四)提升高职院校社会形象需要学术带头人

高职教育作为一种新型的高等教育形式,不仅要培养人才,而且要服务社会;不仅要招生就业,更要实现长久可持续发展。因此,学院必须要有一个良好的社会形象。我们可以这样说,许多社会人士发掘和研究学校资源,往往是从一批乃至几个学术带头人身上开始的,是从这一点出发来判断学院的办学实力和水平的;而能否承担科研和社会服务项目,也需要学术带头人来支持、组织和带领,其作用毋庸置疑。正因为如此,学术带头人于虚于实、于名于真都非常重要。

由上述分析可见,在高职院校发展过程中,我们必须充分认识学术带头人的重要性,并花力气培育和造就一批高水平学术带头人,为高职专业建设、人才培养、科学研究和文化传承创新服务。

二、充分认识学术带头人在高职院校建设和发展中的积极作用

高水平学术带头人是学校的旗帜。一所学校拥有多少重量级的学术(科)带头人,不仅是推动学校学术发展和教育质量提高的重要力量和宝贵财富,更是学校改革创新、彰显魅力的关键所在。高职院校作为我国高等教育的重要组成部分,要体现高教性与职教性的统一,必须将学术(科)带头人的培养摆到重要位置,以弥补历史上形成的高职院校师资结构中的相关人才"短板",任务比一般高等院校来得更为紧迫和关键。学术带头人在高职院校的作用主要体现在:

(一)组织作用

学术带头人眼光敏锐,能攻克难关,在学术研究中,能够起主导作用,能够被同行广泛认同。因此,他们在学术研究中组织或开展较大课题的研究,依靠自身的学术影响力对学校其他教师乃至整个学校科研工作的开展起着引导和影响作用。这种影响力和组织力在许多情

况下是教育行政部门和学校党政领导无法代替的，充分重视并积极创造条件发挥学术带头人的这种作用，对一所高职院校来说是很有意义、很有价值的。

(二)示范作用

学术带头人是一个个体，是教师队伍的一员。由于其科研能力较强，科研成果丰厚，一般都会得到同行的广泛好评。他们进行学术研究的经验对其他教师有启迪作用和影响作用，也有借鉴作用；往往成为其他教师学习的榜样，他们的成果、成功、成就对同行一般都具有良好的示范作用。

(三)激励作用

学术带头人的作用和工作业绩往往成为其他教师新的工作参照目标，往往会提高其他教师的心理期待，促成其他教师的学术追求。在学术带头人的引领下，一部分上进心强的教师会感到上升的空间和追求的动力；一部分上进心欠缺的教师则会感到心理的压力，如果转化积极效应，往往也会成为积极向上的因素，形成相互之间的"比、学、赶、帮、超"，带动整个教师队伍的提高、发展和成长，促进学校良好学风、教风、校风的形成。

(四)凝聚作用

一所成功或者说有成就的学校，一般都有一定数量的学科、专业和学术(科)带头人。在学术带头人的旗帜下，凝聚和吸引着一大批教学研究人员，形成相对比较合理的学术分工，组成学术梯队，往往以研究所、教研室或院系的形式出现，形成正面合力。如果没有一个学术带头人，就难以凝聚一批学界青年精英，相应学科的发展势必会受到影响。学术带头人的存在、培养和提高往往会带动一个学科乃至一个学科群的发展，其凝聚人心、凝聚力量的作用不可小视。

由此可见，学术带头人无论何时何地均有重要作用，在高职院校更加具有举足轻重的影响。

三、认真研究高职院校学术带头人的素质要求

作为高职院校的学术带头人，既要有一般高校学术带头人共同的素质要求，也要有与高职特点相适应的特殊要求。总体而言，主要表现在：

(一)个人品德

学术带头人由教师中的高水平分子组成，首先必须具有良好的师德修养和内涵，要热爱祖国，热爱科学，忠于职守，为人师表。与此同时，学术带头人应有崇高的事业心和强烈的敬业精神，具有开拓创新的勇气和不怕困难、不怕失败、百折不挠的勇气，具有健全的人格和品德。此外，作为学术带头人还必须淡泊名利，立足奉献，具有为科学而献身的精神，为事业而奉献的精神，为团队而牺牲的精神。

(二)专业水平

学术带头人,顾名思义,就是在某一领域具有较深的学术造诣,能够发挥带头专业的人,因此,专业功底扎实是最基本和最起码的素质。学术带头人必须对所从事的专业和学科方向有渊博的知识,对本学科前沿领域的发展有清晰的了解,同时也有宽厚的基础理论和不断学习、积极进取的习惯;有较强的科研水平与能力,能充分利用现代科学技术、方法进行学习、教学和科研。

(三)能力素质

对于学术带头人而言,创造性思维能力是最为重要的。当今时代是一个创新的时代,创新需要多种能力:第一,要善于思考,会"勤学、多思、常练,会举一反三";第二,要有发散性思维,发散性思维对符合原则又高于现实的创造性能力而言尤为重要;第三,要有与自己研究领域相关的特殊技能与能力,这是形成富有个性的科研特色所必需的能力,这种能力为他们攻克科研难题提供了可能和条件;第四,要有人际交往能力,这是一个专业带头人能够在工作中与他人合作,形成和谐的人际关系,组织形成科研团队的重要条件。

(四)心理素质

作为学术带头人,必然面临一般教师所没有的心理压力。科研工作需要大量投入,但投入与收效没有正比关系,甚至投入未必有成效,理工科研究领域尤其如此。因此,作为学术带头人,必须性格开朗、心胸豁达,有稳定的情绪、积极的情感,能够在遇到外界变化和内心情感起伏时用理智控制情绪:身处顺境、取得成果时能戒骄戒躁,不断努力进取;反之,能百折不挠,充满乐观和自信,以坚强的毅力,努力争取最终的成功。

当然,学术带头人也是有层次的,也是相对的,正因为这样,对其素质和能力的要求,也是相对的。但需要指出的是,专业带头人毕竟是少数,因此,较高的综合素质是必需的。

四、影响高职院校学术带头人成长的因素

高职院校要形成和培育一大批学术带头人,较之普通本科院校特别是研究型大学而言,会面临更大的困难,这主要是由内外环境因素影响所决定。

(一)自身因素

研究表明,影响学术带头人成长的自身因素主要有:成才动力、学习能力、个人习惯和个人品质。一是成才动力。学术带头人最大的敌人是自己的惰性、满足、自我原谅和自我开脱;最大的失败是大事做不来,小事不想做;最大的损失是等待明天、期待明天、期待下一次。二是学习能力。这是一个广义的概念,既包括从外部世界汲取营养,抓取机会和信念的能力;也包括在教学科研过程中自我反思、自我选择、自我调整、自我超越、自我提高的能力。三是个人习惯。这里的习惯既包括工作习惯也包括生活习惯;既包括学习习惯,也包括科研

习惯。克服不良习惯、形成良好习惯是学术带头人必须具备的条件,急于求成要不得,拖拉等待使不得,原谅自我不可得。无论是倾听、学习、思考、调研、写作等教育应该有清晰的思维。科学的调节,合理的安排,最后形成持久的动力,循序推进,取得圆满的结果。四是个人的品格。学术带头人的个人品格也会最终影响其成功与否。是否敬业,是否能够与人较愉快的合作,能否有奉献精神,能否建立良好的人际关系等,均非常重要。

(二)内部条件

学校内部也会有影响学术带头人成长和形成的若干因素,其中包括管理措施、学术环境、工作条件和激励机制等。一是管理措施。学校在师资队伍建设方面有没有制定切实可行且有力有效的管理措施,包括工作目标、政策导向、奖励措施、机会提供、条件创造等,它对学术带头人形成会有重要影响。二是学术环境。良好的微观(校内)学术环境,有利于学术群体形成宽松和谐的氛围,有利于知识分子以良好的心态成才成长。特别是宽容尊重、鼓励创新、荐贤养能的风气,对教师学术带头人的成长更有意义。三是工作条件。一个单位和学校能否给予学术带头人必要的或者优厚的工资、生活条件,也会在一定程度上产生作用力。四是激励机制。从根本上讲,学术带头人的形成需要一个激励机制。在当今条件下,政策鼓励、舆论引导、经济奖励、考核激励也显得非常必要。

(三)外部因素

学术带头人的成长,除了个人自身和单位内部激励以外,社会环境也十分重要。这主要是:一是经济条件。国家有足够的财力来支持学术活动的开展,形成一批主要或专门从事学术研究的人才。二是社会条件。全社会形成尊重科学、尊重知识、尊重人才的意识和风尚,有利于学术带头人成长。三是文化条件。全社会民主化程度较高,它会为科学研究的开展形成良好的学术氛围,从而有利于学术带头人的成长。四是舆论条件。一定范围、一定状态下的舆论条件和宣传引领,对学术带头人培养机制的建立也具有重要的作用和巨大的推动力。

(四)特定环境

事实上,特定的环境对学术带头人的成长也起着重要作用,这主要有如下原因:一是工作单位性质和条件。如高校和科研院所比起在行政机关系统,学术影响就会大一些,因而更易影响和催生学术带头人。二是学科和专业发展机会。由于业务工作、教学工作开展的需要,形成了从事科研工作的必要性。某位教师一旦抓住机会,创造条件,久而久之,有可能成为学术带头人。三是大师引领。受大师人格魅力的影响,也会推动学术带头人梯队的快速成才和成长。四是其他偶然因素,如某教师做出一点并不大的成绩受到重视和奖励,从此形成好的习惯,久而久之,产生了积极的效应等。

当然,学术活动既有偶然,也有必然,既有一般,也有特殊,学术带头人的形成也一样,更多的是必然和一般,但也不排斥偶然和特殊。

五、积极构建具有高职特色的学术带头人培养机制

对于高职院校而言,推进学术带头人培养机制建设,既要遵循一般规律,更要发挥积极性、创造性,形成自身的特色。具体来说:

(一)解放思想、更新观念,高度认识学术带头人对学校发展的积极作用

对于高职院校要不要培养带头人的问题,事实上还存在着不同的意见和声音。不仅不同学校之间会有不同认识,同一学校不同领导人之间认识也不尽一致,高度更有差距,力度更有轻重,强度更值得讨论。我们以为,作为一所高职院校,要快速实现办学升格、管理升级,要实现规范、办出水平,要提高质量、提升内涵,尤其是要办人民满意的教育,必须抓实专业、课程、办学条件、教风学风、师资队伍、图书信息资料等基本建设,尤其把师资队伍建设作为重中之重,花大力量,用大投入,筑大系统,而学术带头人是其要件之一。

(二)制定目标,工程推进,通过选拔、培养方式推动学术带头人队伍建设

对于一所学校而言,培养和造就一批专业带头人,首先要在统一认识基础上,形成和制定明确的目标,即根据学院发展不同阶段,提出不同的要求,找出相应的行动目标,特别是采用工程管理的方法加以实施和推进,如浙江省"151"人才战略、江苏省"333"人才战略、浙江金融职业学院的"2388"人才战略、中国工商银行的"百千万"人才战略等,都是在明确目标基础上用工程推进的方法加以推进,用纳入工程管理的方法进行鼓励,从而有力地支持和促进学术带头人更快、更好地成长。

(三)重点扶持,建立机构,以鼓励奖励为主推动学术带头人的成长

学术带头人培养需要考核评价,需要建立竞争、激励乃至淘汰机制。但是学术研究毕竟是一项艰苦的工作,在当今人生观、世界观、价值观多元的情况下,比较科学有效的方法应该实行精神激励和物质鼓励相结合,政策扶持和考核评价相统一,即以鼓励为主,辅之一定的考核;以资助为主,辅之必要的评价;以创设条件为主,辅之相应的压力催生,从而为学术带头人成长创造宽松的条件。

(四)优化环境,形成氛围,努力让学术带头人感到自豪和荣誉

学术带头人的工作是一项高强度的工作,往往不是一项立竿见影的工作,需要宽松的条件、宽容的态度、宽厚的氛围。作为一个单位尤其是单位的领导人,一定要尊重人的个性,倚重人的德能,注重人的发展。以人为本,尊重知识,尊重劳动,尊重创造;鼓励创新,允许试错,宽容失败,为学术带头人成长、发展和工作创造极好条件,崇尚和支持、鼓励成名成家,使学术带头人不仅有荣誉感,而且有成就感、幸福感。这样,创新、创造和成果会源源不断,成长会更加宽松。

六、学术带头人培养的实践——以浙江金融职业学院为例

浙江金融职业学院是在国家级重点中专浙江银行学校基础上升格建立的,在建院初期,学院就提出了快速实现"办学升格、管理升级"的目标,并认真贯彻教育部有关文件精神,切实重视师资队伍、专业课程、实验实训建设和教风学风建设等基本建设。在师资队伍建设上,学院明确了提高、充实、引进的"三结合"原则,确定了双师化、硕士化、职业化的"三化"目标,并以"专业带头人培养工程""学术带头人培养人工程"、有经验教师结对青年教师的"青蓝工程"为抓手,致力于提高教师的教学能力,育人能力和科研(实训能力),其中学术带头人是重要举措。

"十五"期间,学院召开了高规格、全院性的师资队伍建设工作会议,把专业带头人工程作为推进学院建设和改革发展的重要工程来抓。除培养和造就数量适当、素质精良的专业带头人以外,明确提出要培养 10 名在省内外有一定影响的学术带头人,20 名学术骨干,80 名中青年骨干教师,简称"128 工程"。具体每年投入百万元进行工程推动,经过三年培养和建设,大部分教师达标合格,使每一个系基本实现了教授或博士领衔,正高、副高教师数量大幅度增长,水平显著提高,使学校成为全省第一个优秀学校。

"十一五"期间,学院明确提出启动八大工程,推进"2388"高层次人才培养战略。其中既有直接的学术带头人培养工程,又有间接的教授工程、博士工程,明确提出要培养和造就 20 名省内外有较大影响的学术带头人,30 名省内外有一定影响的学术带头人,80 名教学科研骨干教师,80 名实践创新骨干教师;20 名博士,30 名教授,80 名副教授,80 名优质双师。为此,学院专门启动了包括上述措施在内的"八大工程",对入选工程培养的教师学院优先安排出国学习深造,优先安排国内学术交流,优先安排科研项目申报,适当减免教学工作数量等,鼓励其快出成果、多出成果、出好成果,真正成为学术带头人。并且,投入大量资金,采取各种途径,以取得师资队伍建设的新成绩。

进入"十二五"以来,学校结合作为国家示范性高职院校"巩固成果、提升内涵、追求卓越"的新要求,专门建设了教师发展中心和教师队伍,实施教师千万培养工程,在继续重视和加强专业带头人培养的同时,着力提升教师师德教风,着力培养课程和教学工作带头人,着力培养中青年骨干教师,同时,深入实施学术(科)带头人培养计划,并采用项目引领、青蓝结对、组建团队、考核奖励等路径,致力于建设一批在业内外有影响力的高素质的学术(科)带头人,为创建国内一流、国际知名高职院校而努力。

(执笔人:周建松)

第六章　高职院校名师名家培养

高职教育经过有三十多年的发展,逐渐从规模扩张为主,转向以内涵建设为主,提高质量将成为高职教育今后一个阶段工作的主题。在这一背景下,如何适应高等职业教育履行人才培养、科学研究、社会服务三大职能的要求,突出重视和加强高素质师资队伍、管理队伍建设,尤其是实施名师名家培育战略,培养和造就一大批高素质学术(科)和专业建设带头人意义重大,十分紧迫,而怎样从高职院校的特点和现实出发,采取切合实际和行之有效的方法,则更加重要。本章对此作些思考,并结合浙江金融职业学院的实践作些介绍,以期起到更好的效果。

一、高职院校培养和造就名师名家的意义

众所周知,高等职业教育是我国高等教育的重要组成部分,也是职业教育的重要组成部分,因此,在高等职业教育中,全面履行人才培养、科学研究、社会服务职能,应该是高职院校重要的使命和责任,正因为这样,从提高高等职业教育办学水平、提高人才培养质量等方面看,高职院校应该也必须重视名师名家培育,以推动学校创新和发展。

(一)提高人才培养工作水平需要名师名家带领

人才培养,教书育人是高职院校第一的和最基本的职责,这是毫无疑义的。在这一过程中,各院校认真贯彻中央和教育部一系列文件精神,坚持以生为本,努力做到德育为先,育人为本,探索出了许多行之有效的措施和办法,尤其是在实施全员育人、全方位育人、全过程育人方面做了有益的探索,实践证明,这是行之有效,切实可行的。在这过程中,许多院校在探索建立辅导员队伍建设、班主任队伍建设等方面也花了大量人力和精力,在实施学生素质提升工程上也倾注了大量财力,如浙江金融职业学院多年来实施的"学生千日成长工程"作用和功效就非常好。在这一过程中,许多思想素质好、业务水平高的名师名家型人才作用的发挥也必不可少,这些教师的社会影响广,知识面宽,行业情况熟,深受学生尊敬和爱戴,往往得到学生的尊重和爱戴,从而收到事半功倍的效能,正因为这样,培养和造就一批名师名家,其意义非同一般。

(二)提高科学研究工作水平需要名师名家引领

科学研究是高职院校的重要职责之一,无论是帮助生产、经营、管理、服务第一线解决实

际的横向课题研究,还是接受(申请)中央、地方有关主管部门指引的纵向课题,还是发挥教师人力资源和品牌优势,延伸学校工作职能的重要内容,多年来的实践证明,高等院校已经成为国家科学研究的重要力量,占比越来越高。这项工作必须且应该加强,多年来的实践也表明,高等院校开展科学研究,有利于锻炼和培养教师,有利于改善和促进教学,有利于提升学校声誉和形象,从而有利于学校的创新和发展,而科学研究工作的开展,既需要广大教师尤其是骨干教师的广泛参与,也需要名师名家的引领,一批名师名家在指导形成课题,申请教改课题、主持研究课题等方面发挥着举一反三乃至杠杆作用,正是从这种意义上说,名师名家的培育和形成意义非常,必须重视。

(三)提高社会服务工作水平需要名师名家率领

高职教育以高教性、职教性、行业性(区域性)、实践性、开放性为重要特征,贯彻以服务为宗旨、就业为导向,走产学研相结合的发展道路,强调开放办学、校企合作、工学结合,这就确定了社会服务工作和社会服务能力建设在高职院校和在高职教育过程中的重要性,正因为这样,高职院校的教师不仅要用真功夫做好人才培养功夫,同时也要用巧力去开展科学研究和社会服务工作,积极适应行业、区域经济社会发展和企业生产经营活动需要,帮助解决生产经营中的技术性难题,开展针对性的岗位培养。而社会是一个大课题,更是一个大广场,教师如何创造条件走出书斋、适应市场,需要发挥教师的主观性,需要组织层面的引荐,而培育和造就一批学术有专攻、业界有名望、服务有高招的名师名家,就可以从容地率领广大教师去生产经营第一线和行业企业主管部门、地区有关方面主动服务并取得成效。

二、高职院校培养和造就名师名家的困难分析

前面分析了高职院校培养和造就名师名家的重要意义,这无疑从一个侧面提出了问题的必要性所在,但问题的另一面在于,高职院校培养和形成一批名师名家客观上有一定难度,主要表现在:

(一)客观困难:高职院校起步迟,底子薄

在我国,高职教育从 20 世纪 80 年代初起步,真正大发展的高职院校是近十年的事,大部分高职院校从中职升格而来或者民办兴起,一批老的高专学校历史稍长一些。正因为这样,总体而言,高职院校作为高等教育办学起步比较迟,作为高等教育办学条件底子比较薄;从员工队伍构成看,初期主要以本科生为主,后期以硕士研究生为主,队伍基础不是很厚实,而从事科学研究的其他条件更为薄弱,由于新建高校或升格高校,往往平均主义的人文思想影响比较深刻,因此,鼓励成名成家的环境和氛围相对较弱,由于是新建学校,青年教师数量大,人数多,尚难有脱颖而出,成为影响广泛和深远的名师名家的基础和积淀。正因为这样,建设高素质师资队伍尤其是培育名师名家在高职院校依然是任重而道远。

（二）现实困境

培育培养名师名家需要本人的素质和努力，也需要创造良好的外部条件。从现实情况看，由于高职院校总体高层次高水平人才缺乏，有一定能力和水平的教师往往双肩挑，业务和管理都要承担，更重要的还在于，本科及以上尤其是教学研究型和研究教学型大学的教师一般都指导硕士乃至博士研究生，既是他们的职责，也是他们的学术助手。一般而言，高水平的大学教师都有3名以上硕士或者3名以上博士生甚至更多，这就自然成了这些教授做科学研究和社会服务团队的成员和学术助手，这在很大程度上减轻了本科学校教师的体力和事务负担，在高职院校则没有这种条件，这就使高职院校富有潜能的教师成名成家带来困难，培育成名成家成为困境。

（三）操作难点

高职教育带有高教性和职业性双重特点，教师所从事的是非常具体的浅层次的理论和操作性业务流程和技能，这与从事较高层次科学研究和较高水准社会服务之间存在一定的差距，长期陷于具体事务和业务教学之中，难以有机会、平台、时间和精力开展较高层次和较高水平的学术交流和课题研究活动，从而不利于高层次人才的培养和成长，不利于名师名家的培育，使高职院校存在操作性困难。

此外，文化因素、政策因素、培养机会、成长环境都是影响因素。

三、用创新的思维和方法，着力培养高职院校名师名家

面对高职院校发展过程中对培育和造就一大批名师名家的需求，正视现实条件下高职院校培育形成名师名家的困难，我们必须面对实际，用创新的思维和方法去研究和应对。具体地说：

（一）总体思考

总体而言，高职院校在培育名师名家问题上要统一以下认识：一是提高对名师名家必要性和重要性的认识；二是用鼓励和激励的方法着力培育名师名家；三是要有一定的机制来保证。具体而言，浙江金融职业学院在实践过程中，采用了如下方法，可借鉴：

1.选准一批精选对象。在全校范围内设立一个基本门槛，采取公开报名和选拔的方法，确定一批个体自觉且有培养前途的教师作为名师名家培育对象，如40岁以下的博士学位的副教授教师，45岁以下的教授等。

2.结对一位（批）学术助手（青年教师）。根据自愿结对和组织推荐相结合的方法，按照专业方向和兴趣爱好一致或知识结构互补的原则，鼓励高层次教师和青年教师结对，形成合伙关系（师徒关系），保持经常联络，或者同在同个教研室或者同在一门课程或专业组。

3.结交一位（批）业务行家（同行实践工作者）。根据自愿和组织协调相结合的方式，提供有较高层次和水平的教师主动结交联合一批专业和行业对口的从业人员，最好是业务行

家和专业负责人,形成理论实践的相互交流,汲取最新的业务和政策信息。

4.组建一个(批)团队。根据前面三个层次的推进,这就形成了全校范围内一个又一个校内外结合的专兼结合有机统一的团队,这个团队既有人才培养功能,又有科学研究合力,更有社会服务潜能,形成了1+×+×的名师名家联合体和支持群。

(二)鼓励措施

为推进这种吸纳本科院校优势,针对高职院校实际来培育名师名家的方法,需要从政策上采取一定的鼓励措施。具体来说:

1.学校建立制度。即学校出台相关文件,明确支持鼓励培养专业和学术带头人,形成名师名家辈出的政策,并采取相对优惠和鼓励的措施。

2.制定优惠措施。也就是说,学校对结对的学术带头人和青年教师采取政治上、物质上、经济上、条件保障上比较支持和优惠的方法,来促进和鼓励,如减免常规工作量、设立科技立项、优先申报课题、设立专门研究平台等。

3.明确考核办法。对已经缔结校内外专兼结合团队的组织,按照"优惠+考核"的方法,每年或每学年组织一次考核,根据实际情况决定是奖励晋级、合格保持还是淘汰出局等结果。

4.鼓励双向兼职(挂职锻炼),对组建成团队的校内教师应鼓励其在行业(企业)兼职,或创造条件给予其挂职锻炼提供便利,鼓励组成团队的行业企业业务骨干,应聘任其为兼职教师,并给予相应的荣誉和报酬。

(三)长期思考

以上提出的是在现行条件下培养高职院校名师名家的方法,从长期和发展角度看,高职教育提升内涵和提高质量,延长学制乃至举办本科、研究生层次的高职教育,则会为培养高职院校名师名家创造条件。从本科院校或科研院校高薪聘请一批具有硕导、博导资格的教师到学校来,通过行业企业挂职锻炼的方法,融入高等职业教育,形成以高等职业教育目标相一致的人才培养、科学研究、社会服务三位一体的名师名家和团队则具有一定可操作性。而在高职院校内部,调整收入分配结构和财务支出结构,在财力安排和收入分配上向名师名家和师资队伍建设倾斜,则具有现实紧迫性。

(执笔人:周建松)

[参考文献]

[1] 国家中长期教育改革和发展规划纲要(2010—2020年).
[2] 周建松.试论确立以提高质量为核心的高职教育发展观[J].中国高教研究,2011(4).
[3] 周建松.试论高职院校特色人才体系建设[J].黑龙江高教研究,2011(5).

第七章　高职院校青年教师队伍建设

一、青年教师成长目标:基于宏观的要求

青年是祖国的未来,也是高职教育的未来,在中国目前的人事管理体制下,科学设定人才的努力方向和培养目标,对于一个单位具有重要意义,这也是中国国情背景与西方国家国情背景的重要差别。国外体制的背景是,设定人才标准和规格,寻找人才;中国国情体制的背景是,努力培养适应标准和规格的人才。作为从事高等职业教育的师资队伍建设,尤其是青年教师培养,其宏观目标指向应该是:

(一)高扬师德旗

教师是人类灵魂的工程师,应该有良好的师德风范和职业道德规范。敬业爱岗、忠诚学校、热爱学生,应该是教师的基本师德。自觉地按照社会主义核心价值的要求,用马克思主义中国化成果武装自己,坚定中国特色社会主义理论信念,弘扬爱国主义、民族精神和时代精神,模范遵守社会公德和教师职业道德规范,应该是重要操守。

(二)过好教学关

教学是教师最基本的功夫,熟练把握课程教学,熟悉课堂教学技巧,熟知课外活动引领,应该是青年教师认真研究的重点,从某种意义上说,能否担负起一两门主要课程的教学工作,并在课堂上发挥较强的作用,应该是一个青年教师开展工作的最基本要求。

(三)练就科研功

人才培养、科学研究、社会服务是学校的三大功能,也应当是教师的三大职责,具体到个人身上会有不同的侧重。但对于一个青年教师来说,科研功夫和能力会是其成才成长成功成名的重要因素,从某种意义上说,它会起重要和决定性作用,因此,科学研究的方法、技巧、功底应该修炼。

(四)提升育人力

教书和育人是人才培养的基本功夫,在一线教学中深化育人,在机关工作中推进育人,则是教师的重要使命。教书育人虽是一个整体,但也具有不同技巧和方法,作为育人的要

求,也有其规律性可探,更有具体工作可做。学习青年学、心理学、社会学,掌握工作技巧和方法,则会起到事半功倍的效果。对于青年教师而言,直接从事班主任、辅导员等一线工作,也许更受锻炼,更有意义。

(五)形成服务能

高职教育的特征是开放办学、校企合作,培养的人才是面向一线,联系实际。在这种情况下,青年教师既要在教学过程中与行业企业取得联系获得经验,也要在联系实际过程中形成服务的能力和水平,尤其是如何了解行业企业的发展变化、发展信息、发展资源,充分利用自身的知识、能力和素养,增强服务行业、企业的能力和水平,为行业、企业发展做贡献。

(六)修得发展果

每一名青年教师应该努力从实际出发,结合自身优势和特点,充分利用执教课程、从事专业的有利条件,形成自己的特点,培育自己的特点,形成自己有特色的成果,在较快的时间内修得发展果,作为自己职场成功的胜利之果、幸福之果、甜蜜之果。

二、青年教师成长指向:基于微观的思考

在学校,青年教师是最为活跃的群体,也是最富生命力的群体,青年教师往往也是承担最繁重、最艰巨任务的群体,在培养阶段挑大梁,在成长过程中担重任是其基本特征,正因为这样,作为青年教师成长规律而言,具有以下特征:

(一)基本轨道

一年适应岗位:即利用一年左右的时间适应教书育人的岗位要求,做到适应环境,适应人文,适应教学。三年成为骨干:即利用三年左右的时间,能够在本校教书育人全部或某一方面发挥骨干教师的重要作用。五年成为尖子(五年顺利转岗):利用五年左右的时间,成为本单位教书育人的尖子,即能够成为院、省乃至更高层次项目的主持人,或者顺利成为复合型岗位新工作的适应者。七年成为宝贝(七年担当重岗):利用七年左右的时间,能修炼成为本单位教书育人、教学工作的中坚力量,在各项聘任中能成为各部门的首选,为师生所公认和爱戴。九年成就事业:利用大约九年的时间,成为本单位挑大梁的人才,从事教学工作功夫过硬,从事育人工作品格可靠,从事管理工作业绩过关,实现专业很精的发展或综合全面的成长。一生幸福平安:青年教师德、智、体、美全面锻炼,德才兼备、又红又专,为成为正品、争做佳品、力创极品打下良好基础,奠定一生良好发展、平安幸福的基石。

(二)基本要求

一是讲好一门课程并力争成为优质精品课程,这是青年教师必须顺利达到的标准,合格必须,优秀争取。二是带好一个班级并努力成为学风示范班级,这是青年教师育人工作水平

的重要标志和体现,也是青年教师在教书育人岗位上立足的基点之一。三是形成一批成果并争取成为优质成果,这是青年教师多出成果,出好成果,尽快显出个人才华和业绩的彰显之处,也是教师职场成功的主要标志之一。四是融入一个专业并尽快成为中坚,这是适应高职教育特点和要求,充分发挥青年教师作用和才能的重要途径和平台,也是青年教师进一步发展的基础。五是加入一个团队并努力力成为骨干,这就要求青年教师融入集体,把握机会,并积极争取机遇,使自己在团队中发挥作用。六是结对一个企业并努力成为紧密型合作伙伴。这是青年教师适应高职教育特点和要求,加快理论联系实际,推进校企合作、工学结合的重要途径,也是青年教师拓展渠道、全面发展的条件和路径。

三、青年教师培养理念:基于宏观的设计

青年教师是中国高职教育现有教育工作的承担者,也是未来发展重任的担任者,应该加大培养力度,增加锻炼机会,拓宽使用渠道,当然,更应该有具体路径和发展设计。笔者以为,从高职教育教师要求看,重三历、强三化是最基本的。

(一)重三历

1.企业经历。高职教育的要求,强调的是理论与实践相结合,培养的是高素质技能型专门人才,应用型、技能型、操作型是基本特征,因此,作为青年教师尤其是专业课教师,其从事行业企业工作的经历是非常重要的,因为有经历才会有感受,有感受才会有感悟,有感悟才会促进教育教学。

2.育人履历。育人是教师的基本功,也是教师的基本职责。育人的履历会增进教师对学生的了解、理解和热爱,从而改进、优化和提升教学工作,促进教育教学水平的提高,从某种意义上说,也有利于解决教与育两张皮的矛盾。

3.博士学历。博士学历既是一个要求,也是一个象征。它实际上要求教师具有扎实的理论修养和功能,具有较强的分析问题、解决问题的能力,较扎实的学术规范和基础,即深厚的基础积淀。只有这样,才能实现"要给学生一杯水,教师必须有一桶水"的要求。

(二)强三化

1.职业化意识。高等职业教育是高等教育,也是职业教育,必须遵循高等教育和职业教育共同的规范和规律,为此,教师必须有较强的适应专业特点的职业化意识,并有实践感知。

2.信息化能力。当今社会是知识化、信息化时代,掌握信息化手段,学会信息化本领,既是教师从事教学工作的基本条件,也是教师与学生交流和获取知识信息的重要途径,从而成为教师的基本功。

3.国际化视野。教学要面向未来,面向世界,面向现代化,这是邓小平同志提出和倡导的方针,高等职业教育面向实际接轨国际,培养的学生具有处理中国具体工作的能力并具有国际视野,应该是基本目标,这就要求青年教师学在前列,走在前列。

四、青年教师培养方法：基于微观的方案

建设一支素质精良、数量充足、结构合理、适应发展的青年教师队伍,既是各学校的具体任务,也是整个战线的工作要求,既是教育发展的要求,也是人才工作的重要内容,必须通过科学的方法加以推进,具体思路是：

(一)舆论引领

必须从舆论上加强对青年教师队伍建设重要性的认识,形成加快建设一支高素质青年教师队伍的舆论氛围,形成有利于青年教师早挑大梁,快速成长,脱颖而出的人文环境,鼓励和引领青年教师勇立时代潮头,勇担发展重任,勇做业务尖兵。

(二)工程推动

对青年教师的培养,无论是人事部门、党政部门、科技部门还是教育部门都应该研究并争取有力有效措施加以推进,而对于各类学校而言,更应采取建设工程加以促进,如浙江金融职业学院的青蓝工程,用中老年教师结对培养青年教师的方法;青年教师国际化工程即鼓励青年教师强化外语了解国际,提升教师双语教学能力和国际文化交流能力的办法,又如青年教师博士化工程、资助青年教师攻读博士学历的方法等,实践证明是非常有效的。

(三)组织培养

青年教师培养既需要本人自觉和主动作为,也需要工程来推动和促进,也离不开组织部门有计划、有步骤地加以培养,划拨专项经费,建立专门组织,采用专门方法培养和造就高素质青年教师队伍,既是组织人事部门的职责,也是教学科研工作部门的使命,更应该成为各单位党政主要领导的重要工作,必须认真加以落实。

(四)自我修炼

从本身意义上讲,青年教师的提高和成长,也应该是教师自己的事,如果没有教师的自觉和修炼,没有自身的热情和能力,外部的力量可能也是有限的,外因只有通过内因才起作用。激发青年教师的事业心和进取精神,应该是共同的责任和追求。

(五)考评促进

实践证明,建立科学有效的经济和考核机制,既是培养青年教师的有效路径和方法,也是解决青年教师培养有效性的科学路径,在青年教师一线开展比、学、赶、帮、超活动,开展评比达标考核活动,一定会在很大程度上促进青年教师培养工作的有效开展。

（六）鼓励超越

从人文环境建设上说，我们应该打破论资排辈、按资历论贡献的传统做法，而应解放思想，开拓创新，积极创造条件，鼓励青年教师快速成才，出类拔萃。为此，既要为青年教师常规发展铺路，也要为青年教师超越发展搭桥，更要为青年教师特别发展设专线，形成比学赶帮、万马奔腾的繁荣局面。

（执笔人：周建松）

[参考文献]

［1］国家中长期教育改革和发展规划纲要（2010—2020 年）.

［2］教育部关于全面提高高等职业教育教学质量的若干意见（教高〔2006〕16 号）.

［3］周建松.高等职业教育特色化队伍建设体系研究［J］.黑龙江高教研究,2011(4).

第八章　高职院校兼职教师队伍建设
——基于以校友为主体的兼职教师队伍建设模式创新

校企合作是高职教育办学模式的必然要求，工学结合是高职教育育人工作的必由之路，专兼结合是高职师资队伍建设的必要选择。对此，业已形成各界共识，并已写入高职教育的相关法律法规和重要文件。问题的要害在于，如何从体制机制上保证校企合作办学模式、工学结合人才培养模式、专兼结合教师队伍建设模式的实现。本章结合浙江金融职业学院的实际和实践，就建立以校友为主体的兼职教师队伍问题作些思考和探讨。

一、正确认识校友及其在学校发展中的作用

世界上大凡发展较好、办学成果显著、历史悠久的学校，其背后都是一群校友在起重要作用。因为校友是否认同并支持母校本身就表明了办学的质量和水平，而校友对母校的支持，则会大大促进学校的发展，古今中外，概不例外。从科学正确完整意义上认识校友，则是非常重要的。校友工作是浙江金融职业学院事业发展的重要组成部分，也是学院构建的诚信、金融、校友文化育人体系的重要组成部分，校友文化建设也是浙江金融职业学院文化建设的重要标志，它源于我们对校友作用的基本认识，我们认为：

(一)校友是力量

活跃在各条战线的校友，首先是祖国经济和社会建设的重要力量，也是母校建设和发展的重要支持发展。是力量应该千方百计去汇集。

(二)校友是资源

走上工作岗位的校友，大凡都是学校重要的资源，如它可以是学校的兼职教师、学生实习就业指导调动，教师调研锻炼联络协调，学校办学拓展市场和领域，学校争取有关方面支持的渠道资源。是资源，应该想尽办法去积聚。

(三)校友是人心

校友对母校的理解、认同、评价最直接地代表了学校培养人才的质量，校友人心之向背，是最直接的人心向背。是人心，就得用行动和措施去凝聚。

（四）校友是桥梁

学校联结政府部门、行业企业、社会各界的桥梁有很多，但是应该说，校友是其中最重要的桥梁，而在许多情况，校友本身就直接掌握和影响着某个具体的政府部门和行业企业，影响着社会团体，正因为这样，校友的桥梁作用，要积极架构和发挥。

（五）校友是平台

校友组织，校友活动本身就是联络感情、联结合作、增进友谊、加深理解、促进发展的平台。在这个平台上既可以传播文化、积聚资源、汇集力量，也可以形成更加开放和更宽广的平台，从而有利于学校发展资源的整合。正因为这样，这个平台，应当由学校去积极搭建，并创造条件搭建好。

（六）校友是渠道

学校的建设发展和人才培养工作，要通过多方渠道去推广和拓展，学校也在运行中不断地搭建平台，联结人脉，不断拓宽和开拓渠道，而校友应该是最直接，最重要的联系渠道，并通过它能够形成更多、更有效的渠道，是渠道，应该努力有效地开发。

（七）校友是纽带

由于校友身份的特殊性、多重性，它既可以是师兄师弟，师姐师妹，也可以是学生，也可以是同事，既可以是部门主管、单位领导，也可以是洽谈一方、竞争对手，它就是学校联络各方面的重要的纽带，必须尽量把它联结起来，并不断加长纽带链，形成广泛的统一战线和支持力量。

（八）校友是品牌

校友在各单位、各部门、各方面的表现及其社会评价，自身就是学校品质品牌的最终表现形式。一个优质的学校，一个有影响力的品牌，就是由一个又一个、一批又一批校友表现出来的，因此，必须把校友工作作为学校品牌建设工作来做，是品牌，就要去塑造。

（九）校友是财富

由于校友的特殊性、广泛性，传播的综合性，因此，校友力量就是一个学校发展和建设重要的财富。这种财富有可能是物质上的（如捐款与帮助），也可能是精神上的（如认同和支持），更可能是文化上的（如赞赏和好感），既然是财富，就应该让我们努力去打理，使其不断增值升值。

（十）校友是声誉

学校是一个公共化程度很高的组织，因此它的声誉建设是十分重要的，而声誉建设既不能靠哗众取宠，也不能靠虚张声势，而应该从具体的成绩和成果中表现出来。学校把一件件事办好了，把领导班子和师资队伍建设好了，就会产生较好的声誉，而把人才培养和文化建设抓好了,培育了一代又一代优秀校友,则学校的声誉就会不断提高。从某种意义上说,校友是最重要的声誉发生源,必须切实维护和建设好。

(十一)校友是文化

由于校友既有个性,更有群体性标志,众多个体化的校友,形成群体化的特征,这就形成了学校的文化特征。这既可能是先进的,也可能是落后的,先进的需要我们去巩固,落后的则需要我们去矫正,传承和创新先进健康文化,就成为我们校友工作的重点内容之一。

(十二)校友是事业

校友工作已经不再是孤立的人和事的关系,也不再是简单的学生和学校的关系,也超越了文化的范畴,而与经济、政治、社会、生态相联系。正因为这样,我们必须把校友工作当作一项事业去做,是事业就要不断加强建设。

二、基于校友工作重要性认识的校友文化建设安排

(一)建立合法化组织

申请批准成立校友会,早在 1995 年,学院在建校二十周年之际,就经过各方努力申请并经浙江省民政厅批准成立了校友总会,虽然按审批的条件而言,历史悠久、国际影响、统战需要是条件,但考虑浙江银行学校(浙江金融职业学院的前身)其贡献的特殊性,校友会正式获批,使校友会工作具有合法性。

(二)推进规范化运作

学院实施校友会会员、理事、常务理事制度,并进行规范的组织选管制度,学校设有专门的校友会秘书处和校友工作办公室,坚持在合法前提下,有计划、有步骤、规范化的活动,从而保证了工作的有效开展,整个组织体系,有总会,有分会,有联谊会,有会长办公会、常务理事会、理事会,还有会员代表大会、秘书处工作会,并实施换届制度,理事会和常务理事会也有广泛代表性。经过努力,在 2010 年浙江省民政厅组织的社团验收评比中,被评为 4A 级社团。

(三)明确工作目标

校友会以关注母校发展,助推校友成长为宗旨,以关心每一位校友为理念,以重视成就校友,关心弱势校友,巩固老校友,开拓新校友为方针,努力使校友会成为成就校友的名园,成长校友的乐园,全体校友的家园。

(四)科学设计抓手

校友会以 2300 作为校友文化育人的重要抓手,积极有效地开展工作 2300 文化育人活动,即"千名学子访校友,千名校友回课堂,百名校友话人生,百名校友上讲坛,百名教师进企

业"。通过这一抓手,密切了学校、教师、学生与校友之间的关系。对在校学生来说,受到了业务能力、素质修养等方面的教育,对学校来说,增加了校外兼职教师的来源,对教师来说,增加了实践调研的平台,对校友来说,可以展示自己的才华,或继续进行知识更新或提高培训,形成了良好的文化品牌效应,受到了热烈的反响,对传承文化更有好处。

(五)明确建立相关制度

学校明确,每年11月的第1个双休日为集中开展校友文化育人的日子,每年5月份的最后一个双休日,为校友回母校日。这种制度性的安排,为学校和校友都提供了方便。与此同时,校友会每年3月第1个双休日为校友登高节,集中校友进行户外健身和交流活动,又如学校规定,凡校领导去各地调研开会,必须走访校友等,都有力地促进了校友工作的开展和校风文化氛围的形成。

(六)建设齐抓共做机制

学校党政班子高度重视校友会工作,学校建有校友工作领导小组,明确有分管领导,同时设有校友工作办公室,负责具体工作,学校也安排有校友工作专项基金(事实上基本不用开支),学校全体领导都参与校友工作;学校定期召开校友工作推进会,统一思想,达成共识,全体教职员工都以主人翁身份参与校友工作。

三、以校友为主体的兼职教师师资队伍的具体做法

总体而言,学院以2300为载体,推进校友文化育人活动,2300作为一个理念、平台和机制,在推进校友文化育人工作上花力气、出成效。具体到以此推进兼职教师队伍建设的角度而言,我们的具体做法是:

(一)坚持"三结合"

1.固定与非固定相结合。浙江金融职业学院毕业了50000余名校友,分布在全国各地,不可能全部或大部分成为兼职教师,兼职教师又有具体要求,在实践中,我们贯彻相对固定与非固定相结合的办法,所谓相对固定,就是根据专业和课程或德育工作的要求,适量聘请特定授课;所谓非固定,根据时间和机会、可能和条件,临时性聘请或邀请校友做讲座。

2.常规与集中性相结合。根据专业课程教学的需要,必然要根据课表安排,进入具体的有形课堂,按照专业建设和课堂的安排,就某个或部分教学内容进行讲授,或在学生顶岗实习时进行指导。所谓集中性安排,在每学年的某一特定时间,学校进行集中性安排,如建校三十五周年校庆活动前,我们邀请35位优秀校友做35场励志报告,又如,在学生毕业就业前,我们邀请一大批基层校友会会长,集中开展校友会会长话就业等。

3.专业与综合性相结合。作为兼职教师,大部分需要专门化、针对性,就某个具体课程、某些具体内容、某个工作环节、某个工作岗位进行专门培养和教育,这是一般意义上的兼职

教师。而除此之外,我们还采取综合性方法来进行安排,如学生在订单培养或顶岗实习时,由一名优秀校友负责若干名学生的综合指导,包括专业、岗位、职业、人生观、世界观等方面。

(二)综合三途径

1. 直接担任兼职教师。采用广泛汇集、综合考察、按需挑选、双方认同的原则,根据各专业和课程教育教学工作和学生顶岗实习的管理需要,聘请一部分优秀校友为兼职教师,直接担任兼职教师的工作,作为专业和课程教师,他们要与学校专任教师共同备课,确定分工,有效实施教育教学工作。作为顶岗实习指导教师,要与学校共同研究培养和实习计划,综合进行实习指导和培养。

2. 应约承担专题讲座。我们认为,兼职教师可以就某个教学内容尤其是发展变化比较快、实践含量高的内容进行讲授,更应该是教、学、做一体,如果能够系统地讲授一门课或系列课,则一定会取得更佳的效果。但除此之外,适应经济社会发展形势需要,就某个专业课程相关问题进行专题讲座,如就业形势与就业观、职业生涯发展与择业观等,则更有成效。又如,今年上半年,温州金融改革影响全球,我们请温州校友做专题讲座,义乌国际贸易综合改革试点、浙江海洋经济试验区建设和舟山海洋经济新区建设,我们请自己校友做专题讲座,既亲切又真切。

3. 担任专业建设指导委会工作。按照教育部有关文件精神和高等职业教育的规律,高职院校以专业建设为龙头,各专业建立专业建设指导委员会,在专业建设指导委员会建设工作中,我们注意选择和聘请一部分有代表性的校友参加,既对学校专业建设进行了有效指导,也有利于协调各种专业建设资源,从而促进专业建设的顺利进行。

(三)实现"六个一"

通过以上途径,学校的以专业为龙头的教学建设实现了六个一,即组建一个专业指导委员会,形成一批兼职教师,形成一批学生实习调研和基地,形成一批专职教师挂职锻炼基地,开拓一批学生就业基地,创造一些科学和服务的社会和平台。

四、构建以校友为主体的兼职教师队伍的综合发展效应

近年来,我们通过构建以校友为主体的兼职教师队伍,构建了一张庞大的校友网络,投入不大,但成效明显,主要表现在:

(一)行业、校友、集团共生态合作办学模式成为品牌

紧密依托行业,广泛团结校友,推动集团发展,既适应了高等职业教育发展的要求,也适合管理体制调整学校的情况,更扩大了学校的办学力量,促进了学校特色发展。

(二)校企合作有效开展

以校友为纽带,联合联络校友负责管理的单位,校友所在的单位,校友创办创建的单位

以及与校友合作的单位,形成广泛的校企合作网络,推进了工学结合、校企合作、顶岗实习人才培养模式的深化和有效。

(三)专兼结合教学团队形成

学校以优秀校友为主体,聘请专业课、素质课、职业指导课兼职教师,安排专职教师去校友企业实践锻炼,这就促进了以母校为纽带,校友为重要组成部分的专兼结合教学团队的形成,也有利于专任教师双师素质的提高。

(四)毕业生就业工作有效进行

高职教育以就业为导向,人才培养工作以就业作为重要指挥棒。在行业、校友、集团共生态模式中,学校教书育人培养人才,校友兼职授课、人生指导(百名校友兼职授课,千名校友实践指导,万名校友文化引领)。更重要的是,在校友的牵线和帮助下,学校就业工作不仅订单培养面广量大,而且就业质量和起薪率比较高,学生在岗位上发展也比较顺、比较好。近年来,毕业生就业率一直保持在98%左右,录取考分连年居全省高职前列。

(五)校友事业蓬勃兴旺

在母校和校友会的帮助下,在校友文化熏陶下,校友们在经济金融第一线人文关怀多、业务信息多、自我约束严,促进了校友人生的发展、事业的顺利和创业的成功。据统计,从我院毕业出去的学生,担任支行(支公司、营业部)行长(总经理)及相当职级的校友远远超过5000人,其中更有全国劳模之类的杰出人才。

(六)学校品牌影响力不断彰显

由于母校事业的良好发展,校友事业的成功,不断支持和支撑并丰富了学校品牌的内涵和水准,浙江金融职业学院尽管办学规模不大,但社会影响很大,学历层次不高,但投入产出极高,学院被赞誉为浙江金融界的黄埔军校。

总之,以校友为主体构建兼职教师队伍,推进专兼结合教学团队建设,对高职院校全面履行人才培养、科学研究、社会服务和文化传承创新意义重大,尤其是从文化传承与创新意义上讲,它力量无比,作用无限,生命力无穷。

(执笔人:周建松)

第九章 高职院校师德教风建设

教育部和全国科教文卫体工会颁布的《高等学校教师职业道德规范》从高校教师与国家、社会、学生之间的关系，以及教育教学行为、学术研究行为、社会道德责任等方面规范了高校教师的职业道德行为，提出了明确的倡导性要求和禁止性规定。这使得包括高职院校在内的全体高校教师有了统一的师德规范和行为准则。但由于高等职业教育在其人才培养目标和教育规律上具有特殊性，因而高职院校师德教风建设必须从实际出发，体现职业教育的特点。

一、高校师德教风研究现状分析

改革开放以来，市场经济的发展催生了许多新观念，极大地推动了教育领域的观念更新，加快了教育改革的步伐。与此同时，教师的思想观念和高校师德教风出现了一些值得研究和关注的新问题。

20世纪80年代以来，学界从伦理学、比较研究和道德修养等角度对师德进行相关的研究。进入新世纪以来，专门研究高校师德的专著也陆续出版，对高校师德的基本理论、基本原则、主要规范、道德转化和行为选择等问题进行了详细的论述，围绕高校师德的内涵、现状、师德建设以及未来展望等问题进行应用理论研究。如：檀传宝教授主持的教育部人文社会科学重点研究基地重大项目"师德现状与教师专业道德建设研究"分析了师德现状，探讨了教师一般职业道德与专业道德的不同。另外，还有一些专门研究高校教师师德的论文或对我国高校师德建设的运行机制进行了分析，提出了要建立师德建设的管理机制、目标机制、竞争机制和考核机制；或通过对教师所处内、外环境进行分析，提出要加强高校教师职业道德规范体系的建设，优化高校师德建设环境；或从内部到外部、从宏观到微观、从管理学到教育学等不同角度和不同层次进行剖析，从纠正思想、完善法律、合理激励等方面提出建议；或通过师德缺失的原因分析，提出增强高校师德建设的实效性建议。新时期高校师德研究渐趋深入，日益触及一些深层理论问题。

(一)关于高校师德教风建设的重要性

师德水平在全社会的道德建设中具有特别重要的地位，对学生的健康成长、全面发展具有特别重大的影响。在教师队伍建设过程中，要把师德建设放在首位，师德建设决定我国教师队伍建设的成败，也就决定我国整个教育事业发展和改革的成败。师德在教学中主要起着示范、激励、渗透作用,对学生思想品质的形成起潜移默化的教育作用;良好的师德也是教师成长的前提和基础,是教师完善自我的巨大动力;师德是实现"以德治校"的重要保证,是实施素质教育的根本保证,是提高学校德育实效性、转变社会风气、提高教师素质的需要;师德有助于落实以生为本理念,促进大学生的全面和谐发展,有助于完善教师人格,促进教师的全面和谐发展,有助于促进学风建设和提升高校的科研水平,有助于优化人际关系与推进和谐大学的建设,有助于净化社会风气,提高社会的整体道德水平。

(二)关于师德内涵和师德规范

多数研究者认为,师德内涵主要有三个层次,即"学高为师——师德之基,身正为范——师德之本,热爱学生——师德之魂"。教育部原部长周济提出"爱与责任——师德之魂"的新命题,第一次把"责任"摆到"师德之魂"的高度,认为"没有责任就办不好教育"。也有研究者认为,社会主义荣辱观赋予了高校师德以新的时代内涵。对于高校师德规范提炼,研究者提出了"志存高远、爱国敬业,为人师表、教书育人,严谨笃学、与时俱进""爱岗敬业、关爱学生,刻苦钻研、严谨笃学,勇于创新、奋发进取,淡泊名利、志存高远""献身教育、敬业爱岗,以身作则、为人师表,严谨治学、教书育人,热爱学生、诲人不倦,团结协作、关心集体""以为学生服务为核心,以爱岗敬业为原则,以严谨治学、教书育人、为人师表、廉洁从教为基本要求"等不同主张。

(三)关于高校师德教风的现状

多数研究者认为,高校师德状况主流是好的,多数高校教师的师德表现受到了广大学生的肯定。但是,部分教师的师德还存在一些问题,主要表现为敬业精神不强,育人意识淡薄,师表作用不彰;个人主义思想严重,奉献精神不够,科学作风不实,协作精神欠缺;学术腐败现象时有发生,只"教书"不"育人",师生关系趋于冷漠;理想目标弱化,敬业精神欠缺,学术浮躁功利;价值取向的多元和功利倾向较明显,轻思想、谈政治、重利益、求实惠的现象较突出,其行为与职业要求的教书育人相背离;缺乏应有的事业心、责任感。

(四)关于高校师德教风问题的成因

有的认为教师评价不当引起教师对待教学的功利性思想、教学态度浮躁、敬业精神不足和失衡的价值判断;有的认为社会变革中的观念冲撞以及行业竞争加剧是导致教师职业道德失范的社会根源,教师教育的缺失是导致教师职业道德失范的重要原因,单一僵化的教学、评价和管理制度是滋生教师职业道德失范的温床,教师个人的道德素养、职业能力、心理健康水平、人格特征是职业道德失范形成的内在原因;有的从主客观两方面进行分析,指出影响师德的主观因素包括道德价值取向功利和实用、道德价值主体出现偏移、在道德认识上出现多样化、高校专业分工过细等,客观因素包括社会整体道德下滑的影响、传统道德价值观念张力的削弱、目前道德体系在社会运行机制中的"调接器"功能在某种情况下"失灵"、发展社会主义市场经济的影响、社会尊师重教的风气淡化等。

(五)关于解决高校师德教风存在问题的对策

有研究者提出,要把以切实解决好机制问题作为加强师德建设的突破口,要从教育、运行、约束、激励、保障五个方面建立健全机制;有的认为,要依据师德内涵所蕴含的目标和师德行为的动机与效果,坚持系统性、代表性、可比性和可操作性原则,根据一般标准和具体标准来构建高校师德评价的指标体系;有的从师德教育与师德宣传、机制制度建设、校内外文化舆论环境、教师自身修养等方面提出相应的对策与建议;还有研究者提出了"五个着力点",即理论武装——加强学习以明师德,舆论引导——掌握动态以正师德,文化熏陶——营造氛围以扬师德,规范约束——完善制度以律师德,利益保障——关心教师以促师德,等等。

从众多文献研究来看,高校师德建设研究越来越受到重视,成果也很多。但针对当前高校依然存在的突出的师德问题这一现状,高校师德师风建设研究尚有诸多须深化和拓展之处。主要有:师德师风调查不够广泛深入,只有较少一部分研究者进行了社会调查并从调查结果中分析和把握高校师德问题的现状;对高校师德及师德建设的内涵挖掘不够,缺乏对传统文化中优秀师德的挖掘和梳理,缺乏对传统与现代、中国与西方的师德观的比较研究与批判继承;一些研究者只是简单地将普遍意义上的师德内涵及规范套用在高校教师身上,而没有对高校教师的职业性质和职业特点、高校教师职业道德要求、高校教师师德建设的基本理念等问题进行深层次的理论分析;研究不够全面深入,往往就现象研究现象,对师德及师德建设现状的研究等同于对存在问题的研究,对师德优良的一面和师德建设的成就研究不够充分,定性研究较少且描述不够准确;对高校师德考评体系和运行机制的研究不充分,即使有研究者提出师德建设要加强考评机制、宣传机制、监督机制、培养机制等建设,但大多比较概括,缺乏可操作性;缺乏对教师群体的分层细化研究,针对性和指导性不强,对不同教师群体如青年教师群体的特殊性研究不够。

综上,我国关于高职院校师德的研究尚处于起步阶段。目前,以"高职院校师德"或"高职院校教师职业道德"为研究对象的论文或学术专著较少,针对高职院校教师这个特殊群体的师德研究基本上借鉴普通高校一般师德研究思路,主要从现状分析、原因探究、对策解决等三个方面进行探讨。高等职业教育作为高等教育体系中的新类型,进入新世纪以来得到了蓬勃发展。注重内涵发展是当下高等职业教育探求特有类型高等教育,确立自身在高等教育中应有地位的必选路径。内涵发展既要求学校进行资源的优化配置和有机整合,创新教育教学和管理理念,更要落脚在高素质的职业人才培养上,而高素质的师资队伍是高职教育质量提升的重要保证。教师如何树师表、铸师魂、正师德,真正做到正己、敬业、爱生、奉献,将直接关系到我国高等职业教育的发展战略,关系到党的教育方针能否在高职院校得到全面贯彻落实,关系到整个高等职业教育能否适应经济和社会的发展。高职院校教师,作为教师中的一个群体,既有教师这个大群体的共性,也有其独特的个性;高职教育和学生亦是共性与个性、普遍性与特殊性的统一,必须结合时代背景、高职教育的特殊性质与学生的特殊性,深入调查高职院校教师师德教风的现状,找出其中存在的问题与缺失,从理论上深入探讨破解问题的措施与途径。

二、高职教育实际需要教师更富于爱心和责任心

(一)高职人才培养目标要求教师强调爱生

教师的工作对象是有血有肉、有情感、有意识的人。热爱学生是教师所特有的职业情感和道德义务,是良好师生关系建立和发展的坚定基础。爱护学生的情怀不同于一般的人与人之间的情感,它来源于教师对教育事业的深刻理解和高度的责任感,来源于对教育对象的正确认识、满腔热情和无限期望。热爱学生,就是要了解和理解学生,尊重和信任学生,严格要求学生,客观公正地对待学生,关心学生的思想、学业和生活。

高等职业教育为生产、建设、管理、服务一线培养高素质技能型专门人才,也就是经济社会需要的专业知识扎实、业务能力强、职业素养高的应用型职业人才。完全不同于普通高等教育的人才培养目标。要求学生确立职业意识,乐于接受职业教育,有志于行业基层和一线岗位建功立业的抱负。对于大多数高职学生来说,进入高职院校学习,并非出于喜欢职业教育,而是考试成绩使然,内心里把高职视作专科层次的"大学",职业意识缺乏,对职业教育认同度不高。因此,高职院校教师要有极大的热心,有意识地多与学生交流、交心,在思想观念上引导学生重树信心,消除自卑心理,调整心态,重新确立积极的人生目标,指导学生正确认识职业教育,正确评价并努力实现职业人生价值。

有关调查情况反映,高职院校来自农村的生源占了近三分之二,而且家庭贫困的学生比例较之本科院校来说要高得多。这需要高职院校教师奉献更多爱心,时刻把学生的生活困苦放在心上,力所能及地关心资助贫困学生,不让一名学生因生活困难而辍学。让教师的爱心和学校的关爱帮助贫困学生顺利完成学业同时,使其以健康心态和感恩之心走上工作岗位,回报社会。

(二)高职师资队伍现状要求教师增强教书育人责任

从高职教育10多年发展历程来看,高职院校教师来源主要有从事过职业教育的中专学校教师、从本科院校引进的高职称教师、从行业调入的业务骨干、从普通高校招聘的应届毕业生四部分。在教学经验、工作阅历、教学能力等方面,以及对高等职业教育的认识、理解和把握上,教师之间存在着很大差异。既熟悉高等教育、了解职业教育特殊规律,又有业务实践能力的复合型教师缺乏。高职教育的快速发展使得大量高校应届毕业生进入高职院校,据调查,青年教师占比已达五成左右,成为主要教学力量。青年教师的素质能力状况成为高职教育质量提升的重要影响因素。

根据调查了解,部分教师工作责任心不强,存在着与高等职业教育要求不相适应之处。如有的教师在教学上精力、时间投入不足,备课不认真,照本宣科;授课很随意,讲到哪儿算哪儿,随意更改教学安排;陶醉于自我讲授而与学生互动不够,全然不管下面学生有没有在听讲;对学生课堂纪律要求不严,对学生不良行为表现放任自流,疏于管教;与学生交流很少,没有把教书与育人很好联系起来,上完课后基本上不与学生接触,等等。

与本科院校学生相比,高职学生的学习差距主要在求知欲望、学习能力和学习方式方法上,而不是智力水平上有什么缺陷。普遍存在着主动学习热情缺乏、自主学习能力欠缺。高职院校鲜见那种在本科院校常见的自修室、图书馆平日里人头攒动的景象。对待学习状况如此的学生,高职院校教师不能像本科院校教师那样向学生传授必要的学科知识、讲解学科发展的前沿问题、进行必要的学术研究指导即可,全凭学生自主学习、自由发挥,侧重培养学生的学术研究能力和思维方式,而应在讲解透彻必要的专业知识的同时,指导学生掌握基本的学习方法,进而向学生介绍行业发展现状和业务操作要领,侧重培养学生职业意识和对高职教育的认同感,以及业务操作能力、实际问题的处理能力和思维方式。因此,高职院校教师对教学要抱以更大热情和对学生的更多关爱,悉心指导和帮助学生完成学业,使之成长为高素质的应用型职业人才。

(三)高职院校科研状况要求教师强化学术能力

科学研究也是高职教育的重要职能之一,学术水平对高职教育的质量提升和教师素质的提高具有毋庸置疑的重要影响。对此,高职教育界已形成共识,这些年各高职院校也在着力开展。但必须看到,高职院校的学术氛围、学术团队、学术研究水平,以及学术成果等状况依然薄弱。教师科研能力的提高面临着一些困难,如学科性研究缺乏本科院校那样与教学内容比较一致的学术背景,深化拓展不易;高职教育研究作为新的研究领域尚未确立成熟的研究范式和深厚的资料积累;教师特别是年轻教师深感教学任务重,科研压力大,缺乏学术引路人指导、学术团队依托和学术思想交流平台,高层次课题和研究项目获取难,缺少学术素养积淀和职业业务实践经验,等等。在强化科研工作,着力提高学术能力,争取早出成果多出成果的目标下,要求教师摒弃学风浮躁、治学不够严谨现象,恪守学术规范,尊重他人劳动和学术成果,坚决抵制学术失范和学术不端行为显得尤为重要。

三、实施高职院校师德教风提升工程

师德素养的提升离不开教师正确认识加强师德修养的重要性和对师德规范的自觉自愿履行,但师德师风建设并非一朝一夕就能见成效的,必须建立长效机制和切实可行的载体。实施师德提升工程是高职院校师德师风建设开展的必由路径。

(一)加强师德规范教育学习,崇尚师德修养

通过多种形式深入学习《高等学校教师职业道德规范》,促使广大教师全面理解《规范》的基本内容,使师德规范成为广大教师普遍认同和自觉践行的行为准则。将学习师德规范纳入教师培训计划、教师传帮带"青蓝工程",作为新教师岗前培训和教师在职培训的重要内容。通过岗位培训、职业道德教育、教育法、教师法等相关知识的学习,采取集中学习与日常工作相结合、师德师风教育与业务活动相结合等不同方式,不断增强广大教师的理论素养和职业教育认同感。通过师德师风的典型宣传,挖掘在岗教师在师德师风方面的先进事迹、感人故事,注重用身边的人和事带动人,影响人,教育人,鼓舞人,使教师明确自己的工作职责

和任务,自觉把更多的精力投入到教书育人的工作中来。

教育学习只是手段和途径,提高思想认识,形成稳固的注重师德修养的思维习惯、自觉按师德的要求行事才是关键和根本目的。因此,要着力引导教师自觉践行社会主义核心价值体系,崇尚师德修养,弘扬高尚师德,增强教书育人的责任感和使命感,确立奉献教育、关爱学生,在高职教育岗位建功立业的理想追求。忠诚于党的教育事业,恪守教师职业道德和学术道德,力行"爱国守法、敬业爱生、教书育人、严谨治学、为人师表、服务社会"的师德规范。以强烈的道德责任感维护道德的严肃性和正义性,以高尚的道德情操和崇高的精神境界去感化学生的心灵。全身心投入教学与科研,做到率先垂范、言传身教,以良好的工作作风去影响学生的学风,以学识和人格魅力去感染教育学生。

(二)建立健全师德教风考核评价制度

职业道德具有行政约束性、纪律性,提升教师职业道德素质需要教师自觉修行,也离不开制度约束。学校应结合高职院校实际和高等职业教育发展规律和特殊要求,制定《规范》实施细则和师德师风考核评价制度,作为教师必须遵守的行为指南。将师德纳入教师考核评价体系,并作为教师绩效评价、聘任(聘用),以及各级各类评优奖励的首要标准,严格执行"一票否决制"。将《规范》作为师德考核的基本要求,结合教学科研日常管理和教师年度考核、聘期考核全面评价师德表现。及时发现和纠正教师中存在的师德师风问题,对师德表现不佳的,及时劝诫、督促整改;对师德表现失范,严重损害人民教师的职业声誉,造成不良后果的,依法依规予以严肃处理。表彰激励先进模范,对师德表现突出的,予以重点培养、大力宣传和表彰奖励,激励广大教师自觉遵守师德规范,树立高校教师良好职业形象。

(三)构建师德教风建设协同机制

师德素质与教师职业行为紧密相关,体现在教书育人、学术研究、社会服务工作的方方面面和全过程,师德师风建设还必须与学校各项工作相结合,构建各种类型协同机制。如建立校系(院)两级师德师风建设工作机制,成立领导小组,开展师德师风调查研究、师德风险检查评估、师德教育活动,了解教师的思想、工作和生活状况,听取师生意见建议,及时研究解决问题,制定落实相关措施以改正和加强。充分利用现代信息技术,构建网络交流互动平台,倡导教师与领导、教师与教师、教师与学生之间及时进行沟通、交流和反馈。持续实施青年教师、辅导员青蓝工程,细化青蓝工程实施办法和考核评比方式,让优秀老教师的人格魅力和师德素养潜移默化地影响和带动青年教师。提倡新老教师加强思想沟通和业务交流,鼓励青年教师钻研教学艺术,提高教书育人责任心和教学能力。完善教学督导机制,加强课堂教学质量评估和教风评价,将师德评定结果纳入教师业务考核,并与年度业绩津贴直接挂钩,作为岗位聘任、技术职务晋升和奖惩的依据。注重对备课、教案撰写、课堂授课、作业批改、考试组织、学生论文和社会调查指导等教学工作各环节与过程,以及学术行为、科研作风中师风状况和师德表现的考察评价,探索师德师风量化考核指标体系建设,拓宽师德师风评价渠道。开展以师德为主题的教工校园文化品牌建设,倡导崇尚师德修养文化,营造"以人为本"的人文环境。关心教师工作和生活,维护教师切身权益,满足教师发展需求,为教师创造"多用武之地,少后顾之忧"的工作条件。积极营造良好的师德教风建设氛围,为教师在教书育人、教学科研等方面建立健康向上的上下级关系、同事关系、师生关系,培养教师的主人翁意识、大局意识和责任心,促使教师在学校事业发展中成就自我。

浙江金融职业学院一贯以来高度重视师德教风建设,在学校升格创办高等职业教育之初的 2001 年,通过调查研究和广泛征求意见建议的基础上,深入开展以"尚德、精业、爱生"为主题的师德师风建设,倡导教师干部秉承校训精神,推进教风建设,积极塑造与时俱进、再创辉煌的精神风貌。实施青年教师培养的"青蓝工程",着力提升青年教师的职业道德素质和教学业务能力。在国家示范性高职院校建设过程中,在完善推进青年教师培养的青蓝工程基础上,创新实施"五星级青年教师"评选活动和新进校工作辅导员"青蓝工程",开展了教师学历、职称、职业教育教学和科研能力等提升项目。在国家《高等学校教师职业道德规范》颁布伊始,学校就立即制定实施了"师德师风提升工程实施意见",从指导思想、总体要求、基本目标,以及加强《规范》学习、加强师德教育、加强师德考核和违反师德行为的处理等主要举措方面做出了明确规定和要求,作为学校进一步强化师德师风建设的纲领性文件。同时,学校还进一步制定、完善并推行了一系列制度规范,对师德教风问题进行了"一票否决"。

(执笔人:龚宏富)

[参考文献]

[1] 教育部,等.关于印发《高等学校教师职业道德规范》的通知.教人〔2011〕11 号.

[2] 檀传宝.当前师德建设应当特别关注的三大问题[J].中国教师,2007(2).

[3] 支戈壁.新时期加强高校教师师德建设途径略探[J].学校党建与思想教育,2008(1).

[4] 陈泳.高校师德建设的基本点、要求点和核心点[J].长沙大学学报,2010(1).

[5] 葛晨光.新形势下高校青年教师师德存在的问题与对策[J].黑龙江高教研究,2009(2).

第三编　高职院校干部队伍建设

第十章 高职院校党委书记的理念与修养

　　按照《中华人民共和国高等教育法》和《中国共产党普通高等学校基层组织工作条例》的规定,我国的公办高等学校实行党委领导下的院(校)长负责制,并且,一般而言,都实施党委书记和院(校)长分设为主的人事安排,这就形成了独具中国特色的高校组织领导体制和人事格局,即党政一把手及党政班子。由于中国的高等学校正在研究创建一流和国际接轨,因而有关院(校)长的理念和作用等问题研究较多,对党委书记的素质、作用则研究较少;这一问题在高职教育管理实践中同样存在,在一定程度上引出了管理运作矛盾与建立有效运行体制机制的要求。当前,党中央根据中国共产党执政党地位强化和巩固的新形势,对各级党委提出了引领创新发展和维护和谐稳定的新任务,这就要求高等院校必须进一步强化党委的集体领导地位,加强党委班子建设,提升党委书记素养。因此,本章从高等职业教育的特点出发,对党委书记的理念和素养问题做了探索和思考。

一、高职院校党委书记的发展定位

　　经过新中国成立后几十年的实践,人们对党委书记和院(校)长之间的不同角色特征和工作分工的认识有了长足的进步。一般认为,院(校)长应当懂教育、专业强、会指挥,而党委书记则懂政治、党性强、会把局。这样的认识和提法总体上符合人们的常理判断,但是也未必科学和准确。笔者认为,从发展的角度而言,党委书记更应成为:

(一)党建工作专家

　　党委书记是党建工作的第一责任人,其主要职责是抓好党的建设,这既是党中央对高校党建工作的一贯要求,同时也是当前贯彻落实教育规划纲要的重要举措。党建工作是一门科学、也是一门艺术,党委书记必须按照党的建设的要求,全面学习马克思主义的党建理论和学说,深入学习中国共产党的党史党章,自觉学习掌握党建工作的各项规章制度,并就党的作风建设、思想建设、组织建设、制度建设和反腐倡廉建设等专项工作进行深入而全面的把握,这是保证办学社会主义方向和牢牢把握舆论阵地的必然要求。

(二)教育工作行家

　　党委书记已是一个广泛的职业,有其相关科学性的要求,它与具体的单位和性质又联系在一起。作为高职院校的党委书记,必须了解教育政策、研究教育动态、把握教育规律,具体而言,他要了解高等教育大势、研究职业教育规律、知晓基础教育情况、关注教育发展动态。一般而言,许多大学党委书记都分管学校发展规划工作,与高教研究中心(所室)连在一起,因此,为正确把握办学规律,引导学校科学决策,党委书记对教育应该有所研究。

(三)群众工作大家

民主集中制是党委集体领导的一个基本制度和原则,从群众中来,到群众中去,是党的光荣传统和优良作风,全心全意依靠教师办学是我们一贯倡导的办学理念。党委书记作为学校党委集体的班长,其群众工作的水平和能力,尤其是思想政治工作的能力和水平,凝聚校内人心和力量的能力和水平,积聚外部资源和人脉的能力和水平,是非常重要的。这实际上是说,党委书记应该具有亲和力、凝心力和吸引力。当然,在新的历史发展时期和新的历史条件下,党委书记作为党委班长、党政班子主要领导的格局配备,除了上述要求外,最好是专门领域的理论专家、内部管理的行家,这也应该是要提倡和鼓励的,也应该是要坚持和发扬的。

二、高职院校党委书记的角色地位

《中华人民共和国高等教育法》和《中国共产党基层组织工作条例》规定,高等学校实行党委领导下的校长负责制。高等学校实际上有两名主要负责人,书记是体现党委领导的重要岗位,而校长则被明确规定为高校事业单位的法定代表人,由此构成了领导和负责的特殊体制关系,班长和法人之间的特殊党政个体关系。在这种情况下,党委书记的角色定位就显得至关重要。笔者认为,党委书记的角色应该是:

(一)事前当好参谋

党委的领导是集体领导,党委的决策是集体决策,校长的负责是法人负责,是校长主持下的行政负责人。因此,在学校重大工作乃至省市工作开始前,必先缜密谋划,而在这过程中,党委书记应该当好参谋,奉献金玉良言,积极建言献策,指导(乃至引导)校长客观分析内外政策和形势、研究内外资源和条件,进而做出科学正确的决策。

(二)事中加强监控

重大事项一经党委决策和决定,就应放手让以校长为首的行政班子去制订具体实施方案并全力支持其贯彻落实。由于决策的执行有一个过程,执行过程中也会碰到这样那样的矛盾和问题。因此,党委书记在这过程中既不能冲到一线指挥,也不能撒手不管不闻不问,而是要观其行、见其果,既不越位也不失位,发现需要调整优化决策或者院(校)长认为需要补充或更新决策,就应当主动或配合进行方案调整和组织优化。

(三)事后总结分析

学校工作或重大项目运行一个阶段,应及时进行工作或项目回顾和分析,分析利益和成效,尤其是结合贯彻上级有关政策要求,综合行业企业情况变化,汲取兄弟院校或国内外有益经验进行对比分析和总结评价,以利更新决策、提高水平,进一步做好工作,发现情况及时更正,发现机会、要求更优。

三、高职院校党委书记的社会形象

党委书记是党委班子的班长,它发挥着团结带领领导班子在上级党组织的领导下,贯彻落实党的教育方针政策,确保学校科学发展、正确发展,培养好社会主义现代化事业建设者和接班人的光荣使命。因此,党委书记的形象在某种意义上关系和影响着党的社会形象,必须加以重视和塑造。具体而言,笔者认为,党委书记应着力彰显以下社会形象:

(一)勤勉做事的形象

党委书记必须以身作则,努力做到勤奋工作、创新工作、发展在先、理念在先、善于学习、善于研究,使学习决策和各项工作尽力做到先人一步、快人一拍、高人一筹,要求班子成员做到的,自己率先做到并努力做到更好;要求党员教师做到的,自己模范做到并努力做到出色。忠诚事业、热爱学校、热爱学生、关心教师、心系发展、乐于奉献应该是党委书记干事的群众形象。

(二)和谐共事的形象

团结就是力量,团结有利于发展,团结有利于促发展、出政绩、育人才。党委领导下的校长负责制是一个集体工作模式,班子成员之间有分工,更有合作。分工不分家、分工不分心、发展一条心、事业靠各心,应该是班子建设的基本点。党委书记不仅整合好班子力量,扬长避短、科学分工,把握制度合理分工,创造条件最佳分工,而且要做科学共事的模范和带头人。

(三)干净干事的形象

党委书记作为领导班子的重要一员,在班子建设中起着重要的作用,它不仅是事业发展的第一责任人,更是党风廉政建设的第一责任人。当前一个时期,学校不再是清水衙门,大量的基本建设,众多的设备、教材、图书和物资采购等,都使学校存在着大量经济交易活动,腐败曾经在局部地区和个别学校滋生和发展到十分严重的程度,大大损害了党的威信和学校形象。因此,反腐倡廉和党风廉政建设也成为学校的一项重要工作。作为党委书记,应该在党风和廉政建设方面做出榜样和示范,树立良好社会形象。

四、高职院校党委书记的人品修养

关于高等学校领导体制的矛盾,经常有人调侃其为"领导不负责、负责不领导",这些话虽说有点偏颇,但也从一定侧面反映了高校体制运行过程中出现的矛盾和问题。党委书记要做好学校一班之长,就应该有个人的修养和水平去克服因体制而存在的运行矛盾,力求完美和谐。具体来说:

(一)为发展谋招

发展是第一要素。实践证明,解决矛盾的最有效的方法就是发展,正是所谓的"大发展小困难、小发展大困难、不发展全困难"。当然,每个阶段的发展要求和发展重心不同,过去是规模扩大、校舍建设,现在是丰富内涵、提高质量,但无论如何,党委书记都必须把相当的时间、精心和智慧投入到发展中去,重视发展、科学发展,积极努力地为学校事业发展而凝心尽力、整合资源、创造条件、营造环境、科学决策,调动各方力量来为事业发展服务。

(二)为校长解难

校长是行政班子主要负责人,是学校的法定代表人,对内对外都有特定的形象要求。或分行为,有事找校长是一般的社会理念,因此,就大多情况而言,校长必然处在各种难事、烦事、繁事的第一线。而高教法和有关条例则规定,一些重大事项、难题事件都必须党委集体领导、集体决策;校长有时会有难以启口的难事,这就要按照"校长尊重书记、书记关爱校长"的理念来加以落实。党委书记必须推动揽过、解难当头,尽力使好事校长做,好人校长当,难事书记抓,难题书记破。

(三)为班子排忧

学校在发展和运行过程中,一定会碰到这样那样的矛盾和困难。如项目立不上、经费紧张,或员工福利上不去,乃至贷款有困难等,使领导班子、中层干部尤其是行政领导班子成员感到困惑和忧虑。在这种情况下,党委书记作为一班之长,必须站在建设和发展的全局,善于分析政策、善于把握机遇、善于创造条件、善于整合资源,为班子成员和中层干部分担、化解忧虑,专心致志地推进学校建设,尤其是争取外部支持,谋求外部帮助的情况,党委书记应该善于带头主动作为。

五、高职院校党委书记的才能修养

中国共产党是中国特色社会主义事业的领导核心,也是党的路线方针政策在各领域得以切实贯彻落实的重要保障,这就要求党委书记不仅要有好的人品修养、良好的形象、优秀的人品,也应该有适应的能力,其能力至少应包括以下三个方面:

（一）学习研究能力

中国共产党是一个学习型组织，当前全国范围内正在创建学习型党组织并带动学习型社会的建设，《国家中长期教育改革和发展规划纲要（2010—2020 年）》也明确指出，到 2020 年要基本建设成学习型社会。因此，在众多能力中，学习的能力、学习的方法，在学习基础上的研究决策能力是非常重要的能力。党委书记作为学习型组织的第一责任人，应该有优秀的学习态度、卓越的学习态度，并树立科学的学习方法、养成良好的学习方法，努力做到想学、会学、善学、乐学、多学，学得更深、更好。

（二）凝聚人心的能力

一所学校是一个集体，由各种不同群体组成。不同的年龄结构、不同的智能结构、不同的性别结构乃至有不同的党派和组织，都分布在不同岗位上工作，但全校工作是一盘棋，发展是一个目标，必然一条心。因此，作为党委书记不仅要关心重视党员队伍建设，抓好党建工作，还要重视群众工作，重视工会、共青团、教代会、妇委会乃至离退休老同志的工作。在这方面，党委书记应该能力超群、技高一筹，善于把不同思想、不同价值观、不同目标值的同志都凝聚起来，为学校改革发展、创先争优服务。

（三）资源整合能力

高职教育是中国高等教育的特殊类型，其特征是以就业为导向，以服务为宗旨，坚持校企合作、开放办学，走产学研结合的发展道路。正因为这样，"开放合作共生态、校企融合共育人、团结协作共发展"是必须坚持的理念。党委书记、校长及党政班子和全体教工的共同任务是开放合作的理念和胸怀，以育人为轴心、以企业为圆心、以教学为中心做好各项工作，善于整合行业企业和校友个人等各种资源为学校发展服务，党委书记应当作为主心骨。浙江金融职业学院在国家示范性高职院校建设过程中，党委齐心协力，带领全院师生团结协作，形成了"依靠全行业合作支持，动员全中国校友力量，汲取全世界有益经验，整合全社会有利资源，调动全方位积极因素，创新全要素形成机制"的六全建设模式，得到了行业内和社会各界的广泛认可。

（执笔人：周建松）

第十一章　高职院校院(校)长的管理理念与素养

经过多年的发展,我国的高等职业教育已有了长足的发展,截至 2012 年底,全国独立设置的高职院校已经达到 1288 所,在校生规模已达 1000 万人,高职教育被尊称为高等教育的半壁江山。在近年的改革发展过程中,也涌现出不少办学理念先进、产学合作紧密、教育质量优异、社会声誉优良的高职院校,也有不少学校达到甚至超过了"千亩校园,万名学子"的规模。应该说,这既是国家大力发展职业教育正确决策的结果,也与各部门、各方面的支持密不可分。当然,这与包括高职院(校)长在内的战线同志们的辛苦努力分不开,正因为这样,研究高职院(校)长这个群体,探索在中国国情下、高等职业教育类型特点中,具有当今时代特征条件下的院(校)长知识、能力、素质及其水平提升机制,具有重要意义。

一、高职院校院(校)长的概念界定

也许人们会问,院(校)长就是院(校)长,还有什么需要界定和研究的。其实不然,在中国国情条件下,我们必须对此进行讨论和界定。在中国民间,经常流传这样的话:一所学校校长的理念就是学校发展的理念,又经常听领导在讲话中要求,校长应该怎么样? 怎么样? 这些话,放在中小学这个范畴看,当是毫无异议的,但放到高等教育领域,这就必须具体研究。依笔者观察,现在社会上所说的校长概念实际上从三个层面理解的:

(一)党政领导班子整体说

这个意义的校长实际上包含了整个领导班子,具体包括党委书记、校长、副书记、副校长甚至纪委书记在内,泛指整个校级领导集体。在中国,公办高等学校实行党委领导下的校长负责制,"三重一大"等重大决策和决定由党委集体做出,实行少数服从多数原则,因此,与其说是院(校)长重要,不如说党委书记作为班长更重要,整个党政班子集体尤其重要,这是泛概念。

(二)校长、副校长行政班子群体说

这个意义的校长实际上是指包括校长、副校长等在内的行政班子全体成员和领导集体。在中国,除了部队具有比较严格的称谓区别外,地方、部门等方面对称谓一般都不很严格,校

长、副校长作为大类概念,往往作为统称来对待。因此,人们所说的校长也就包括若干副校长在内,这是中概念。

(三)校长仅指校长本人

它是指学校行政的主要负责人,也是学校事业法人代表。作为法人代表,它具有特别的职责,自然也有相应的权力,特别是履行职责之权力。比如对外签署合作文件,对内履行财务审批、机构编制设定,聘任部门负责人和二级学院(系)负责人,负责教师专业技术职务评聘等,自然也包括在广泛调研基础上提出院校一个阶段的目标任务和工作计划等。正是从这种意义上说,校长这一职位是重要的,这是窄概念。

笔者提出和要探讨的校长概念,就是指窄概念,即作为事业法人代表的行政主要负责人。根据法律和有关规定,它承担一个学校改革、建设、发展的最高职责,对这一特殊岗位的研究,自然也是有意义的。

二、高职院(校)长的角色定位

高等职业教育作为高等教育的重要组成部分,对于绝大部分地区而言,它按照高等教育实施管理,根据《中国共产党普通高等学校基层组织工作条例》和《中华人民共和国高等教育法》的有关规定,高等学校实行党委领导下的校长负责制,高等学校有党政两位主要负责人,党委书记俗称"班子",社会上把党委书记和校长通称为党政一把手;在这特定的政治体制、文化氛围和社会习俗下,高职院校的院(校)长如何扮演角色,如何实现事业发展与内部和谐的高度统一、实现体制创新和常规运作的协调平衡,实现对上负责和对下负责的有机结合,它既是难题,也须艺术。笔者的思考和体验是:

(一)承担第一责任

校长作为事业法人代表,既为《中华人民共和国高等教育法》所规定,符合国家行政管理部门的管理惯例,也符合人们的习俗。这就是高职院校的院(校)长应该主动承担起学校事业发展和组织运行的第一责任,无论是招生就业、教育教学、对内合作,还是财务保障、资产管理、学校建设、综合管理等,作为法定代表人,校长不一定要去具体分管这些部门,具体去介入这些运作,但必须对此承担第一责任,分管领导和部门负责人也有报告的责任和义务。关于这一点,无论体制和条例如何变化,校长的第一责任人是不可推卸的,既是管理规定,也是基本觉悟。

(二)行使"二后"权力

从理论上说,责任和权力、利益应该是完全对应的。然而,作为高职院校的院(校)长,一定要忠诚国家宪法,遵守国家法律,遵守党的纪律,自觉把自己放到党政集体之下。这里所谓的二,是指党委是一个集体领导,履行"三重一大"等最高决策,校长是执行系统的主要负责人,应该不在一位。这里所谓的"二后",是指无论在重大决策、重大活动、重大场合,党委书记是班长,校长应甘愿在其后,当好配角。

（三）服务三个方面

作为校长，从本职责而言，它应该是一个服务员。所谓领导就是服务首先应该体现在校长身上，如果说，党委是领导集体，那么，校长就是首席服务员。具体而言，其服务领域可概括为三个层面：一是服务学校事业发展。校长当尽心尽力，开拓创新，在上级有关部门和学校党委的领导下，带领全体师生员工，努力办好人民满意、特色鲜明、师生幸福的高职教育，校长就是学校之长。二是服务学生成才成长。学校以育人为本、以人才培养工作为中心工作，培养和造就一代又一代优质毕业生，使其实现从普通中学生向和谐职业人的顺利转换，推动其充分就业，顺利上岗，良好发展至关重要。从这个意义上说，校长应当是学生的校长。三是服务教师成名成家。学校工作必须以人为本，把工作重点和兴奋点放在教师身上，全心全意为教师教书育人、事业发展服务，积极创造条件，有助于教师成名成家，为其构建更大平台和舞台。从这个意义上说，校长也是教师的校长。

三、高职院（校）长的发展定位

作为高职院校的院（校）长，无论从内部关系还是外部管理角度讲，它都具有特定的分量。对党政部门而言，希望校长是一个政治家；从社会关系而言，希望校长成为教育家；从企业（行业）而言，希望校长成为业务专家。按照近年共同的说法，党委书记应该是懂教育的政治家，校长应该是懂政治的教育家。在学习贯彻《国家中长期教育改革和发展纲要（2010—2020年）》和全国教育工作会议精神层面看，党中央、国务院和全社会则提倡高校去行政化，提倡教育家办教育，教育家治理和管理学校。对此，笔者的思考是，校长应该成为：

（一）懂政治的教育行家

校长应该熟悉教育教学工作，一般应该有从事教育教学一线和基层管理工作的经历，了解教育教学的规律和学校运作机理，并在教育教学管理和人才培养工作中有相应的造诣，高等院校的校长本身应该毕业于高等学府，然后在岗位上成为教授，接受过教育教学管理的培训和研修，具备教育专家的知识、能力和素养，与此同时，作为校长，应该熟悉党的方针政策和国家的法律法规，有较强的政治意识和政治敏锐性，并在教育教学和学校管理中贯彻落实好，坚持并把握好办学的方向和人才培养的定位。

（二）懂市场的内部管家

校长是一个管理者，也是一个内部管家。然而，高等教育尤其是高等职业教育是市场经济机体内的一个单元和细胞，必须适应政府运作和市场运行的规律。尤其是高等职业教育，必须坚持经济性和社会性的统一，必须在市场条件下谋求和整合更充分的办学资源，真正搭建起校企合作的平台和工学结合的舞台。必须使教师能走得出去，请得进来；必须使学生能招得进来，分得出去；必须吸引更多的行业（企业）参与教育教学工作，并支持学校人才培养乃至订单培养,捐资助学。这就要求校长必须有牢固的市场理念,懂得市场运作的机理,并不断提高参与市场的能力,真正成为懂市场的内部管家。

(三)懂实务的理论专家

校长一般都是学专业和理论出身,理想的状态是经历过行业企业的锻炼,懂得实务和实际工作,但总体而言,它应该是主要从事理论工作。我们认为,校长应该是某个专项领域的理论专家,对于高等职业教育而言,它应该是相对应领域的业务专家,并在理论和业务上有所建树,如机电、交通、旅游、建设、纺织、服装、商业、外贸、财税、金融等。如果校长是业内专家,容易与行业企业对话衔接,也有利于开展校企合作和组织社会服务。当然,校长的专业不应该是脱离实际的,而应该紧密联系行业企业实践,理论联系实际,并努力做到与时俱进。从这个意义上说,校长是懂实务的理论专家,而不是脱离实际的书生或知识分子。

综合而言,懂政治的教育行家、懂市场的内部管家、懂实务的理论专家应该是高职院(校)长共同努力的目标。

四、高职院(校)长的工作布局

院(校)长是院校的法定代表人。按照上级有关精神,它必须对人财物负全面责任。正因为这样,从工作重心和工作分工而言,许多院校的院(校)长都把其主要精力分配在人事、财务及办公运转上,这也许是对的,也是常理的。据笔者思考和实践,似乎以调整为宜,人财物事能整合、合规、可控就行,不必过多地花在审批核签一张张单据上,调整和更新的思维可以是:

(一)重视育人和招生就业工作,成为合格的院(校)长

《国家中长期教育改革和发展规划纲要(2010—2020)》和《中共中央关于加强和改进大学生思想政治工作的若干意见》以及教育部有关文件都明确指出,各级各类院校必须坚持育人为本的发展方针,把育人工作作为院校各项工作的核心,努力做好人才培养工作。与此同时,院(校)长应该把第一精力放在学生教育管理和招生就业工作上,尤其是高等职业教育以就业为导向。因此,就业工作应该纳入院(校)长重要工作日程,切实履行起就业工作第一责任人职责,首先做一个合格的院(校)长。

(二)重视教学和校企合作工作,成为称职的院(校)长

院校工作以教学为中心,校企合作、工学结合是高职院校办学体制机制和人才培养工作的重要特征。正因为这样,作为高职院校的院(校)长,应该围绕教学工作的开展,组织好开展教学工作的校企合作平台,建设好校企合作的体制机制,创设工学结合的育人条件,从而推动教育教学工作的有效开展,包括重视教师队伍建设、教学条件建设、教学方案设计、教学资金投入等。加强教学管理,使教学中心工作在学校得到充分体现,从而使自己成为称职的院(校)长。

(三)重视科研和社会服务工作,成为成熟的院(校)长

人才培养、科学研究、社会服务是高等院校的三大主要任务,高等职业教育以服务为宗旨,以就业为导向。正因为这样,充分利用院校品牌和教师人力资源优势,在做好人才培养工作的同时,积极开展对社会和行业企业的科技服务。加强和重视学校科研工作,是校长思考的重要命题,这对于一个由中专升格不久的高职院校显得尤为重要。加强科研基础能力建设,加强科研队伍建设,建立科研激励机制,建设社会服务奖励办法等都是重要的。从一定意义上说,院(校)长本身的率先示范和模范带头作用也极为重要,做好这一点,院(校)长就成为成熟的院(校)长。

以上分析的是院(校)长工作的三个重心:育人、教学和科研,其中也包含了招生就业、校企合作、社会服务,院(校)长的它充分履职,使学生从合格走向称职,走向成熟。

五、高职院(校)长的能力培养

院(校)长是一个公共称呼。在中国,高等职业教育刚经过大发展阶段,内涵建设和体制机制建设尚在进行之中,因此,大家普遍认为,院(校)长能力建设尤其重要。在众多能力当中,笔者以为,校长的以下三项能力显得尤为重要:

(一)学习研究能力

从众多能力当中,学习研究能力当是最为重要的。只有具有较强学习研究能力的人,才能坚持实事求是、解放思想、与时俱进的思想路线,并在实践中开拓创新,只有不断加强学习,不断了解新情况,形成新理念,实施新举措,跟上不断变化和改革创新的社会经济情况和高等职业教育形势,才能真正做到先人一步,快人一拍,高人一筹,创新一招,成就一业。

(二)资源整合能力

院(校)长应该具有敏锐的市场眼光,辛辣的市场战略。根据市场需求精心设计和科学规划事业发展规划,并按照规划实施的要求悉心整合和利用社会资源,既能走得出去,更能请得进来。整合政企产学各方面资源为我所用,为学校发展和人才培养服务,形成小学校大市场资源,小机构大合作平台,小单位大发展舞台。

(三)管理掌控能力

一所学校就是一个独立的人财物的有机体,内外关系多头多样,纵横关系错综复杂。在众多复杂的关系面前,如何妥善处理、科学应对各个环节,如何科学安排、合理调控,容易出现偏差的环节如何控制和纠正,这既靠体制机制,也靠教育防范,当然,也离不开院(校)长掌控和管理能力,因此,这也是学校事业和谐发展的重要能力。

六、高职院(校)长的个人修养

院(校)长是一个领导者、管理者,也是一个公众人物。人们从品格、能力、素质上对院(校)长提出了更多的几乎完美的要求,它鞭策和鼓舞、激励着院(校)长不断提升和完善自己,加强个人的修养。其中最重要的是:

(一)坚持"三做好"

在具体工作中,有以下三个方面,作为院(校)长是必须做好的。这就是,第一,党的路线、方针、政策(国家法律法规)要求做好的,必须不折不扣做好;第二,上级党组织和院校党委集体决策决定要求做好的,必须坚定不移做好;第三,属于法人代表职责范围内的责任事项,必须积极努力做好,不失职守。

(二)坚决"三不为"

在工作实践中,有以下三个方面的事,作为院(校)长应当予以防范。这就是,第一,凡是党纪国法明令禁止的事,坚决不为;第二,有损院校外部声誉的事,一定不为;第三,无益院校工作开展的事,一般不为。

(三)提高"三修养"

高职院校内部是个集体,同行是一个群体。在群体合作中共同发展,在集体中行使管理,在这个过程中,作为高职院(校)长,必须努力提高三个方面的修养:一是人格修养,通过提升和完善个人人格,增加个人魅力,真正形成人格感召力和影响力,实现管理和领导;二是和谐共事,与党政班子成员分工不分家,合作靠大家,加强班子整体战斗力和领导能力建设,提高整体领导水平;三是合作发展,不断增强(校)长与行业企业、政府部门、同类院校、相关单位之间联系、交流、谋求支持、合作发展的能力和水平,谋求合作发展,互动双赢的机会和水准,共同促进高职事业又红又专发展。

(执笔人:周建松)

第十二章　高职院校领导班子建设

　　加强和改进领导班子建设是高职院校牢牢把握办学的社会主义方向、深化教育教学改革、完善校企合作体制机制、加强学校内涵建设、提升人才培养质量和办学水平的重点和关键。因此，必须把班子建设摆上十分重要的高度。高等职业教育是我国实施高等教育的重要组织形式，院校数量已超过高等学校总数的50％，在校生规模也大致占高等学校在校生人数的50％，高职教育号称高等教育的半壁江山。但是由于相当一部分高职院校是在合并组建、升格办学的基础上产生的，刚刚走完依靠基本建设和规模扩张的基础阶段，加之高职院校具有不同于本科学校的体制多样性和多变性，缺乏基本统一性和协同性，因此，高职院校的领导班子建设常常被忽视，更缺少统一的指导意见可供依循。在高职院校办学规模不断扩大，办学重心进入内涵建设和提高质量阶段以后，必然也必须把它摆上重要议事日程，本文拟就此问题作些探讨。

一、高职院校领导班子建设面临的背景

　　高等职业教育是改革开放后出现的新的高等教育形式，其间也经历了补充办学身份（民办地位）的高职、中专戴帽的高职、成人学校和广播电视大学承办的高职等阶段，其教育行政管理体制也经历了从职业教育与成人教育司到高等教育司再到职业教育与成人教育司的转变，其办学组织不仅有很多的民办和社会力量办学，也有不少本科的二级学院，其统筹主体则以省级政府为主。正因为这样，高职院校的班子建设很难找到一个明确的参照体系，且遇到不少挑战和矛盾困扰，至少表现为：

（一）中专（职）升格高职面临领导体制转换

　　在我国，中等及以下学校实行校长负责制，而高等学校实行党委领导下的院（校）长负责制，中专学校升格办学后必须依法按照高等学校的管理体制运行，需要重新构建与高等学校要求相适应的领导体制，而这类高职院校一般由一所中专（职）独立或几所联合升格而来，这就有一个领导体制调整和转换问题。决策体制、领导制度、书记和校长角色都将发生变化，弄不好，适应和调整期会比较长。

（二）高职院校很多行政上由厅局或集团公司管理

　　在我国的大部分省份，相当一部分高职院校仍参照原中专学校的管理体制由厅（局）或

企业集团管理。厅局机关一般都实行厅局长负责的体制,且多数上由厅局长与党组(委)书记一人兼任,企业集团则一般为董事长兼党委书记,且为法人代表,两者管辖下的高职院校则统一实行党委领导下的校长负责制,以校长为法人代表,这就形成了主管部门体制和学校体制的不一致性。

(三)高职院校管理主体的多样性和不同性

在我国,有人曾说是"六路大军办高职",除了高等专科学校、独立设置的高职院校、本科院校举办的高职学院、社会力量(民办)以外,还有成人高等学校(干部管理学院)和广播电视大学,即使是公办的独立设置的高职院校,也有教育厅管理(如浙江金融职业学院)、业务厅局管理(如浙江旅游职业学院由浙江省旅游局管理)、企业集团管理(如山东商业职业技术学院由山东商业集团管理)、地市人民政府管理(如杭州职业技术学院)乃至市属经济园区管理(如中山火炬职业技术学院、无锡科技职业技术学院等),同时还有行业主管的(如哈尔滨铁道职业技术学院由铁道部下属企业集团主管),由于主管部门的多样性,各个部门出于自己的理解,往往对如何建设领导班子的做法不很一致,从而影响高职院校领导班子建设的总体进度和质量。

(四)一个班子还是几个班子的认识问题

在我国,党委、人大、政府、政协、纪委号称"五套班子"。又有不包括纪委统称"四套班子",在公办高等院校,由于实行党委领导下的校长负责制,于是在认识上也有不同。有人认为,学校也有两个班子即党委班子和行政班子;也有人认为,学校就是一个班子即党政班子,这同样体现各所学校在实际运行过程中建立工作领导小组时是设一个组长还是双组长的问题上。由于存在上述认识差异,这在一定程度上影响了高职院校的班子建设。

(五)班子的分散管理还是整体管理问题

在我国目前的体制下,无论是省厅属高职院校,还是地市属高职院校,一般都按照副厅职级确立学校的总体职级,于是就形成了党政正职由省委、省政府统一管理。而党政副职由办学主管部门管理的体制,这就造成了班子管理的脱节和不协调。尤其是作为高等教育业务主管部门的省教育厅没有高职院校副职管理和任免的权力,由此形成了一个班子分散管理的状况和矛盾。

二、加强高职院校领导班子建设的重要意义

以上分析了高职院校领导班子建设面临的具体背景情况,这些情况是客观的,且短时期内很难迅速改变。但是,高等职业教育发展到现在这个阶段和水平,必须把班子建设放到十分突出和重要的地位加以建设,并将之作为搞好学校内涵建设的重中之重任务。

(一)加强领导班子建设是高职院校发展规模所要求的

经过 30 年尤其是 21 世纪以来十余年的发展,我国的高职教育已经走向正轨,并逐步进入良性循环机制,高等职业教育的社会吸引力正在不断提升。我国高职教育的办学总规模快速增加,已经占据中国高等教育半壁江山,与此相对应,我国的高职院校的校均规模也不断扩大,全国平均在 7000—8000 人,"千亩校园、万名学子"已成为不少高职院校的真实写照,甚至出现了办学规模突破 2 万人的大型高职院校。因此,高职院校的领导和管理问题成为关乎稳定发展的重大问题,越是规模巨大,领导班子建设和管理机制建设就显得越加重要。

(二)加强领导班子建设是高职院校发展阶段所要求的

经过多年的发展,高职教育已经从征地建房、新设专业招生、扩大规模、多进教师等为主要内容的规模扩张发展阶段转入以提高质量为重点的内涵建设阶段。专业建设与专业群、课程与教学资源建设、校企合作机制建设、专任教师队伍素质提升与专兼结合教学团队建设等成为核心内容。在这样的条件和背景下,高职院校领导班子的知识、能力、素质等也要发生重大变化和转换。应当从过去的外向主场型适度向内涵质量型转变,旨在培养和造就一支有能力、有素质的领导班子带领学校不断提高育人水平和人才培养质量。因此,基于能力和结构转换的高职院校领导班子建设十分重要。

(三)加强领导班子建设是现阶段党中央对各级各类党组织的共同任务要求

加强和改进各级各类组织和机构领导班子建设,是我党的一贯要求。改革开放以来,我们在领导班子和领导干部队伍建设上采取了许多措施,也取得了可喜的成绩。但不容乐观的是,包括学校在内的领导班子也出现了这样那样的问题:除了领导能力低下,革命意志衰退,不能很好地团结带领师生员工创先争优,狠抓内涵和提高质量以外,甚至出现了部分领导干部贪污受贿等违法犯罪事件,严重损害了教育系统在人民群众心目中的形象和声誉,给我国的教育事业带来了重大的不可估量的损失。事实上,由于市场经济的发展和市场大潮的冲击,我国的高等学府已不再是一片净土,不再是清水衙门,如何要求、教育领导班子成员和领导干部经受住市场经济不良风气的冲击与考验,做到"拒腐蚀""永不沾""常在河边走,就是不湿鞋",已是摆在各级各类学校面前的共同问题。正是出于这样的背景,包括高职院校在内的各级各类组织和机构都应该十分重视领导班子建设,常抓不懈,努力取得成效。

三、基于党委领导的高职院校领导班子建设的基本理念

如上文分析,加强高职院校领导班子建设无论从哪个角度看都十分重要,非常迫切,而如何加强领导班子建设也有一个基本的政治理念和处理艺术问题,其中核心的理念是基于党委领导下的校长负责制的"一个班子"概念。为什么必须树立一个班子的理念呢?这里有几个逻辑前提:一是根据《中华人民共和国高等教育法》和《中国共产党普通高等学校基层工

作条例》的规定,高等学校实行党委领导下的校长负责制,这不仅是指中华人民共和国实行中国共产党领导,而且是指高等学校的各方面工作也在学校党委统一领导之下。二是根据党委领导下的校长负责制的运行要求,确立一个班子理念即学校党政班子。这里说的一个班子既非"党委和行政是两个班子"中的一个,也非"就只有党委一个班子",而是指党委行政一体,统称党政一个班子,只有这样,才会科学正确地把握"党委书记是班长"这一概念,有利于学校工作整体有序、统一推进。明确了"党政一个班子"的理念,就有利于领导班子进行整体勾画和建设,我们认为,理想的高职院校领导班子其理念应当是:

(一)构建同心圆

一个领导班子在整体上首先是一个同心圆,以班长为核心,在班长的带领下同心同德干事业,一心一意谋发展,真心诚意爱学生,齐心协力谋幸福。

(二)紧握同把箭

一个领导班子除了构建一个同心圆以外,还要善于抓关键,关键时能抓住机遇,促进学校上水平上台阶。因此,遇有重大机遇,班子成员要形成合力,全心全力同把事业之箭、发展之箭、特色之箭乃至一流之箭,把学校带到新的高点。

(三)打好同柄伞

在学校改革发展过程中,既会有机遇,也会有挑战,在挑战和困难面前,领导班子一定要同心同德,打好同柄伞,遮阳避雨、趋利避害、克服困难、战胜危机,促进学校稳定和谐运行,健康持续发展。

(四)栽培同心树

教书育人、培养人才是高等院校的重要职责,一所优异的高职院校不仅要为祖国、为社会培养人才,而且要培育和传承文化,学生就是学校栽培的一棵棵树,在校园文化的熏陶下不断成长,既把每一个学生长成参天大树,同时又在不同的岗位上生根开花,结出硕果。

(五)培育同根林

全面完成学校人才培养、科学研究、社会服务、文化传承的任务,需要一支结构合理、素质精良、数量充足的教师队伍。因此,作为一个班子必须同时把教师队伍建设放在要位,关心教师、爱护教师、培养教师,使全体师生成为学校旗帜下的同根之树、同根之林,既有个体战斗力,又有团队向心力。

(六)形成同进力

优先发展、育人为本、改革创新、促进公平、提高质量是高职院校内涵建设的重要任务,学校的发展必须形成合力,形成共同向前进取的力量,无论是分管党建、学生,还是分管后勤、教学的负责同志都应该是以育人为核心,以教学为中心,形成共同推进学校事业发展的团结力量。

四、推进高职院校领导班子建设的具体方法

以上分析了基于党委领导的"党政一个班子"的理念及其运行过程中的"六同"目标,这是基本认识问题,认识统一后,我们就可以具体来研究方法问题。对此,我们的思考是:

(一)组织部门的统筹指导

无论采取什么样的管理模式,无论由哪个部门具体领导和管理,只要是经过教育行政主管部门批准成立的实施高等学历教育的公办教育机构,就必须按照《高教法》和《条例》的要求,实行党委领导下的校长负责制的领导体制,并由省级党委组织部门和省委教育工委(或类似机构),省教育厅共同研究高职院校领导班子建设和管理办法,包括职数配备、人员格局、运作机制、选拔程序、任职条件、管理办法、考评机制等,具体由省委组织部统筹指导和具体领导协调,以避免目前存在的事实上的各自为政、相互分割状态。

(二)科学合理的考核办法

对领导班子的考核,既是班子建设和管理的重要程序,也是促进领导班子提高水平的重要手段。因此,应当根据分类指导的原则,从高职院校的各自特点和具体情况出发,科学设计高职院校的考核办法,包括考核指标、考核内容、考核路径等,然后进行综合打分和排名,形成考核结果。考核结果形成后,应该有一个考核结果的使用问题,结果使用除了存档供后续使用外,应该有明确的激励措施,包括物质奖励,如明确规定连续几年优秀者可享受什么样的待遇,连续几年倒数应降级或转任非领导职务等,并与其干部经济收入挂钩。在这一点上,现在学校与学校之间由于政出多门,事出一门,结果都有明显不同,极不公平,应予调整和优化。

(三)切实有效的培养路径

领导班子的建设中,应该有一个切实有效的培养、培训机制和路径,这至少有:一是党校和行政学院、教育学院的集中性、系统性学习培训培养;二是由组织人事或教育行政主管部门的专题学习培养,包括出国培养、赴本科院校挂职培训、赴同类高职院校挂职培训等;三是挂职锻炼,为更好地推动高职院校的领导干部了解行业、了解企业、了解社会、了解实践,增长其处理具体问题、实践问题和复杂问题的能力,建立高职院校领导班子和后备干部挂职锻炼机制非常必要和重要。

(四)领导带头的提高方法

一个领导班子的能力水平,在很大程度上取决于班长的能力和水平。综观几十年来高等学校尤其是高职院校的发展,配好了"班长"和党政一把手,就有希望把学校办好。对于那些管理机制尚不健全,有效管理文化没有很好形成,管理制度也不尽完备,管理政策尚多变不全的学校,主要领导的视野、理念、思维、事业心、责任心是至关重要的。正因为这样,近年

来,组织人事部门都强调配好配强一把手,这是很有见地的,如果说学校整体是一列火车,那么领导班子是一个火车头,而在一个班子当中,主要领导就是火车头的发动机。有了好的班长,班子就容易变好,有了好的班子,整个事业容易兴旺发达。

(五)结构合理的班子团队

结构问题在班子整体建设中十分重要,有了好的班长,还必须有好的结构。具体包括以下几个方面:一是职位结构,如一个班子五人、六人或七人,职位和职数如何确定,党、政、纪、工如何设置等;二是年龄结构,一般要有合理的年龄梯队,体现老中青结合和适当平衡;三是性别结构,男女成员要有一定比例;四是专业结构,必须根据学校特点来具体确定;五是学历结构,要根据学校具体情况有所考虑;六是智能结构,要考虑不同性格特点,不同工作经历,不同兴趣爱好,不同地缘等因素。

(六)互补共赢的团队艺术

一个领导班子中,必然会有年龄大小,阅历多样,更有不同分工,对同一问题也会有不同的看法和不同视角。正因为这样,不一致是经常的、正常的。但不一致不等于矛盾,只要大家看问题、想事情,按照民主集中制原则,经过反复比较、酝酿和讨论,就一定能够形成相对的统一,形成办事合力。无数事实也证明,只有班子团结,互补合作,才能实现团队共赢、发展成事,只有班子齐心,才能出政绩,出干部。因此,班子成员的互补和合作,是理念,是艺术,也是成功之道。

总之,班子必须做到班长强,班子结构合理,整体同心协力。至于班子的每个成员,则应该牢记宗旨,加强修养,勤勉创新,团结协作,廉洁干净,一身正气,真正做到"学习明事、创新谋事、和谐共事、干净干事、大气处事、发展成事"。

(执笔人:周建松)

[参考文献]

[1] 伍处文.加强高校领导班子建设 推动高等教育事业科学发展[J].学校党建与思想教育,2011(29).
[2] 郑敏芝.关于高校领导班子建设的几点思考[J].教育与职业,2009(12).
[3] 曾正德.高校领导班子建设被遮蔽的视域及其对策[J].江苏社会科学,2009(1).
[4] 刘运动.加强高校领导班子建设的几点建议和思考[J].中国高教研究,2006(9).
[5] 韩景阳.高校党的建设研究[M].北京:中国人民大学出版社,2009.

第十三章 高职院校中层干部队伍建设

毛泽东同志曾经说过,"政治路线确定之后,干部就是决定的因素"。高等职业教育作为我国高等教育的重要组成部分,承担着为社会主义现代化事业培养生产、建设、管理、服务第一线高素质、高技能应用型人才的重任,规模已近千万,号称中国高等教育的半壁江山,而且其发展已进入内涵建设和质量提升阶段。在这一背景下,加强对承担着领导组织管理高职院校主体运行任务的干部队伍的建设和培养具有特殊的意义与要求。事实上,这也是近年来高职教育改革与建设过程中每每被忽视和欠缺的部分,因此,本章拟着重就内涵建设阶段高职院校的中层干部队伍建设进行思考,并提出建议。

一、内涵建设阶段中层干部队伍建设尤需提上议事日程

如果从20世纪80年代算起,我国的高等职业教育已经走过了30余年的发展历史,先后经过了没有明确目标的探索发展阶段、带着一定方向的积极发展阶段和具有明确政策导向的规模扩张阶段。进入"十一五"以后,根据《国务院关于大力发展职业教育的决定》和全国职业教育工作会议精神,高等职业教育进入以大力发展、质量提升为主要内容的内涵建设新阶段,尤其是《国家中长期教育改革和发展规划纲要(2010—2020年)》的颁布和全国第四次教育工作会议的召开,进一步明确了包括高职教育在内的各级各类教育的共同任务都是育人为本,提高质量。与此同时,高等职业教育经过了21世纪十多年的大规模发展,已经进入了内涵建设阶段。

围绕高职教育的内涵建设和质量提升,教育部、财政部先后实施了许多措施,制订了不少有效的办法,其中最具标志性的项目就是"国家示范性高职院校建设计划"以及后续的"国家骨干高职院校建设计划",标志性的文件是《教育部关于全面提高高等职业教育教学质量的若干意见》(教高〔2006〕16号),标志性行动就是实施五年一轮的人才培养评估制度(教高函〔2008〕5号)。受其影响和带动,范围更广的省级示范性高职院校建设计划全面铺开,各地不断融入和参与国家高等教育质量工程当中来,在教学团队、名师建设、实训基地建设、教学改革创新、教学成果奖励、精品课程建设、精品和规划教材建设方面都取得了成功,同时融入和参与国家职业教育技能大赛,在"普通教育有高考,职业教育有大赛"方面也取得了一定的成绩。应该说,教育部采取上述措施,指导了整个战线的活动,再加上各省和地市的传递和创造性指导性工作,高职教育的办学水平和质量已有明显提高,社会吸引力和社会声誉更有明显提升,内涵建设成为了高职教育的阶段特征。

伴随着高职教育内涵建设的有序展开,队伍建设(包括干部队伍建设和人才队伍建设)应该摆上相应的议事日程。事实上,在国家和省示范性高职院校建设计划中,领导能力提升和院长校长能力建设已经被摆到重要位置,以专业建设为龙头的示范性建设计划对专业带头人的培养和锻炼也有目共睹,尤其是教育部实施的院校长海外培训计划和正在实施的全国1200名高职院校长、高职引领职业教育科学发展研修班,对提高院校长能力和水平,推动院校长理念更新发挥了重要作用。然而,院校长理念和能力固然重要,但内涵建设是一项系统工程,特别在高职院校办学规模不断扩大,"千亩校园、万名学子"成为一种普遍现象,一个专业系部或二级学院人数在两三千人甚至规模更大的背景下,高职院校面临的改革建设和管理任务艰巨而复杂,职能部门的组织指挥和评价考核工作任重道远,队伍建设同样不可忽视。更何况,国家教育行政主管部门的政策导向和院校长的理念思路能够得到深入具体的贯彻,必须依靠广大中层干部的传递和落实才能见效。也就是说,学校规模扩大以后,院校长指挥协调的组织基础十分重要,中层干部在其中发挥着中流砥柱的作用,因此,内涵建设要抓在实处和要处,让中层干部能够"各显神通"的表现是关键。

中层干部在学校各项工作中起着承上启下的作用,既包括行使某一职能的处室部门负责人,也包括具体承担专业群(系、院)建设的院系管理者。随着内涵建设的不断推进,其重要性愈发突显。而实际情况是,近年来无论是教育主管部门还是其他有关方面,对这一层次干部的培养提高显得相对薄弱,至少还没有明确具体的引导政策;同时,管理学专家实验得出的结论表明,由于传递过程中理解和领悟力的差异,政策本意到政策执行过程中的偏差会很大,因此,我们认为,中层干部队伍建设必须摆上日程,刻不容缓,其中中层干部的学习力、创新力、理解力、执行力至关重要,综合素质的提升也相当迫切。

二、努力做好六方面的中层干部队伍建设

中层干部是一个广泛的称谓,一般是指一个相对独立的单位中的中层部门(单位)负责人。就一所县而言,局部(委、办、局)负责人、乡(镇)负责人均属之。就一个学校而言,中层干部则是指系(院、处、室、部)负责人和直属单位负责人。学校的管理虽不同于政府部门,但是也将中层干部纳入同一层级进行管理,只是在具体内容和要求与之不同。具体而言,高职院校的中层干部队伍建设一般要抓好以下几个方面:

(一)系主任(专业学院院长)队伍建设

高等学校一般实行院、系两级管理体制,即使规模不是十分大的高职院校也都采取这种管理模式,所不同的只是在两级管理的深度和广度上有所差别(有的学校实行完全的切块包干式的两级管理,有的学校则是在教学和学生工作上实行两级管理,而在人、财、物管理实施学校统筹),其中,系主任这一层次的中层干部在高职院校的管理体制中地位十分重要。他们往往具有较强乃至极强的专业性,首先要求是专业领域的专家教授和学者,他们一般也应该是专业带头人,具有专业建设的担当指导能力。与此同时,以系

或院为单位要相对独立地面向市场,解决专业适应性、就业适需性、合作深入性等问题,因此,学术水准、专业水平是成为系主任队伍的前置性条件,而管理水平和市场能力也是担任中层干部本身的必然要求,总之,系主任(专业学院院长)既要能使校旗高高飘扬,也要能让系旗精彩纷呈。

(二)职能处室负责人队伍建设

在高职院校,根据工作分工,都设有若干职能处室,一般有办公室、人事处、教务处、学生处、科研处、财务处、设备处、后勤处、保卫处等。近年来,又增加了招生就业处、校企合作处等,它们都按照职责和职能承担某一方面的工作,对内对外均代表学校。对内,他们是学院党委和院校长决策指挥的参谋和助手,是分管校领导在负责领域的秘书长;对外,他们必须在职能领域内代表学校参加活动、了解政策、争取资源。因此,专业水平、服务意识、沟通能力、参谋质量就成为职能处室负责人的建设重点和选配依据,职能处室负责人必须能在"职内成家、业内成名、内外成功"。

(三)党群干部队伍建设

在中国,共产党是法定的执政党,公办高职院校都实行党委领导下的校长负责制,其主要任务是贯彻执行党的方针政策,把握办学的社会主义方向和建设有中国特色社会主义的舆论导向,巩固培养社会主义现代化建设者和接班人的思想阵地。据此,学校设有系(院)党总支,配有党委职能部门(如党委办公室、组织部、宣传部、纪委、人民武装部、学生工作部),还有团委、工会、妇联等群众组织,统称党群工作部门。这些部门承担着贯彻落实党的路线、方针、政策,加强党的建设的具体任务,因此,政治立场坚定、党性觉悟高、综合素质强、群众影响好成为选配党群中层干部的重点要求,尤其是,这些干部中的大多数还承担着培养教育学生和在青年学生中开展党建工作的重要任务,因此,其个人品行及其在师生中的诚信是相当重要的,党的历史、理论以及相关工作专门知识也必不可少。

(四)市场化管理队伍建设

高等职业教育的特点是校企合作、工学结合,根植产业、依托行业(地方)、融入企业、强化职业是基本要求,因此,在高职院校中,既需要有面向市场、调研市场、开发市场、巩固市场的专业部门(如校企合作办、校友工作办、基金会办公室、招生就业办等),也需要在相关部门和系(院)有主要从事市场工作的负责同志,他们不一定占多数,但是要有一定数量,市场适应性、交际能力、沟通能力、协调能力就成为选配这一部分中层干部的重点要求。

(五)经营性管理队伍建设

按照校企合作、工学结合的人才培养模式,高职院校根据其自身特点,发展需要,并充分利用人力资源优势,建设有若干产学研相结合的企业组织(或称产业,一般采取公司制的形式),它们既是学生实习的重要场所,也是教师调研的主要基地,是学校服务社会的综合窗口,也是学校创造社会效益和经济效益的重要途径。这些企业(中心)市场化程度高,经营管理任务重,因此,专业能力、管理能力、经营能力、风险能力就成为这部分中层干部的选配重点,而且这部分同志往往也要亦学亦商,商以致用,商以助学,正因为这样,奉献精神、大局意识、角色转换本领更显特殊。

(六)服务型管理队伍建设

学校是一个小社会,更是一个综合体,在高职院校除了常规的系(院)、职能处室和党群部门、特设的市场部门和经营单位外,一般都会设有相关服务部门,如图书馆、实训中心、电教中心、教育技术中心、信息中心、后勤服务中心等,这些部门虽工作内容不同,但共同的要求是提供优质服务。表面上看,这些部门不显山不露水,但在运转中都十分重要,而且也有极强的专业性要求,正因为这样,专业素养、服务意识、奉献精神、牺牲精神就成为这一领域干部队伍建设的基本要求。

三、深化内涵,共同打造高素质中层干部队伍

上述从六个领域就相关方面的中层干部队伍建设要求作了分析,但中层干部也是一个整体,处于同一层级,也会实施交流和岗位轮换,因此,既要考虑各岗位中层干部的不同特点,也要考虑中层干部队伍建设的共同要求,我们认为,"六性""六力"建设应该成为共同的追求。

(一)"六性"修养及其内容

1. 政策性修养。中层干部处在学校建设发展的重要环节,应该有政治上的信仰和追求:忠诚于社会主义事业、热爱中国共产党、热爱祖国和人民,有较好的党性修养,有较好的学习理解执行政策的意识和能力,这是认识和培养中层干部的前提条件之一。

2. 事业性追求。教师是一个职业,教育是一项事业,而高职教育更具有挑战性,因此,中层干部的事业性至关重要。一个人只有把自己的工作当成一个事业去做,而不仅仅是作为谋生的手段,才会精益求精,不厌其烦,才能在平凡的岗位上创造出不平凡的业绩。

3. 责任性修炼。责任性是做好工作的重要条件和保障,从某种意义上说,责任性大小和强弱比工作能力水平高低更加重要。有道是责任重于泰山,态度决定一切。也就是说,作为一个干部,为官一任,守土有责,造福一方很重要;作为一名学校中层干部,应该有一种"决心要做好,并且做得更好"的责任心。

4. 奉献性精神。中层干部由于其工作的特殊性,做得好,会两头给光;做得不好,就会两头受气(包括外头和里头受气,上头和下头受气)。正因为这样,不仅要求中层干部会吃苦、有能耐,更要有奉献精神:为了执行和服从上级的决定,需要奉献;为了示范给基层同志看,做出榜样,需要奉献;为了配合和适应外头,需要奉献;为了圆满和推进本部门工作,做好里头,需要奉献。

5. 专业性水准。高等教育是一门专业,有其发展规律和工作规则,每一个中层职位也都有履责要求,因此,每一个中层干部应该按照"干一行、懂一行、学一行、钻一行"的要求,注意

提升自己所从事专业的管理工作的专业性水平，如果一个专业部门的管理者不懂得专业和政策，就一定会削弱其管理绩效和水平。

6.适应性水平。这是对一个中层干部从事多岗位能力的要求，它要求中层干部具备一专多职的素质，从而适应一类多岗或多类工作的能力，以更好地支持和推进全局工作。

(二)"六力"提升及其内容

1.学习力的提升。学习能力是所有能力中最为重要的因素，在知识经济日新月异，经济社会发展和转型升级不断深入的背景下，只有具备较强的学习力，才能适应发展变化着的管理对象和管理事物，也只有努力地学习，才能不断更新知识，更新观念，发现新情况，提出新问题，形成新对策，切实提高工作能力和水平，因此愿学、会学、善学是每一个中层干部的重要品格和修养。

2.理解力的提升。一个人的理解力与其知识、智慧、经历、情商、智商紧密相连，也与其是否认真用心、谦虚好学直接相关。中层干部必须提高理解能力，除了正确理解党的路线方针和政策外，最重要的是，要理解校党委和校长的工作布置和工作意图，加以吸收消化并认真贯彻落实。古话说，"听话听音""敲锣听声""听懂半句话"，这讲的都是理解力的问题，中层干部必须学会理解，善于理解上级和领导的意图。

3.执行力的提升。中层干部担任上情下达、下情上传的中介职责，其重要职责是贯彻落实校党委、校长的工作布置和安排，并认真落到实处，中层干部履职是否到位，不仅在于汇报得好，说得好，而在于做得好，落实得好，正因为这样，执行力从某种意义上说，是中层干部体现学习力、理解力的重要表现，必须有这样的态度，才有这样的行动。

4.创新力的提升。中层干部不是简单的传声筒，也不能简单地、机械地执行，必须创造性地开展。尤其是一所学校规模不断增大，专业门类也十分复杂，学校领导层不可能考虑方方面面，事无巨细，而总是做一些总体部署和原则性要求，这就要求中层干部必须创造性工作。从某种意义上看，学习理解基础上的创造性执行，才是高素质、高水平的体现。

5.战斗力的提升。这主要是指在非常规常态条件下一个中层干部加班加点、拼命工作、创新工作、连续工作、破解难题的能力，学校工作多数是常态，但也有非常态的时候，作为一个中层干部，必须把关键时候特别能战斗、特别能吃苦、特别能创新作为培养和修炼的重点。

6.开拓力的培养。无论是哪一种类型的中层干部，都有面对上级领导和政府部门、行业企业和科研院所的问题，要实现职内成家，需要开拓；要推进业内成名，更需要开拓；要内外成功，必须营造良好的外部环境。正因如此，开拓市场、联系外部是作为一个中层干部非常重要的能力。

四、统筹管理、培养高素质中层干部队伍的六条途径

要建设一支素质精良、结构合理、总量适当的高素质的中层干部队伍，必须按照《党政领导干部选拔任用工作条例》和学校具体情况加以培养和造就，具体来说：

1.公开选拔的方法。这是中层干部"要我干"变为"我要干"的重要途径，也是对中层干

部理论水平、表达能力、学习能力的前提性条件考核,通过这种办法,有利于培养出自身优秀、组织认同、群众公认的中层干部。

2.提高培训的方法。学校和上级有关方面,应制订科学的中层干部学习培训计划,按批次、分步骤地进行系统培训,或根据工作特点和需要,根据"查漏补缺"的原则进行培训,以提高其工作适应性。

3.考察交流的方法。提倡鼓励并创造条件,安排中层干部到对口单位、对口部门或先进部门进行调研复习和工作考察,学习间接经验、避免走弯路,从而尽快提高干部队伍水平,其中包括了出国考察。

4.岗位轮换的方法。干部轮岗交流,既是互换工作的需要,也是提高工作的需要,通过轮岗工作,既利于相互理解,从而谋求相互支持。与此同时,坚持多岗位锻炼的办法,有利于增强干部全面意识和工作适应性。

5.挂职锻炼的方法。对于一部分需要针对性提高和培养的优秀干部和后勤干部,采用到兄弟院校、党政部门、经济实体乃至国外单位挂职锻炼的方法,从而拓宽其视野,提高其水平。

6.鼓励拔尖的方法。中层干部队伍建设需要有条例、立规矩、讲资历、讲年龄,但如果条条框框过多过死,就容易产生按部就班的情况,形成一潭死水的局面。因此,对于高学历、高职称,特别能吃苦、特别能奉献的一些干部,可以破格越级选拔,这样,才有利于干部队伍形成活水,创造成绩。

(执笔人:周建松)

[参考文献]

[1] 朱勤文.高校中层干部队伍建设的制度保障[J].中国高等教育,2010(20).

[2] 胡少平.加强高校中层干部队伍建设的路径选择[J].学校党建与思想教育,2010(2).

[3] 李延保.关于高校干部队伍建设的实践与思考[J].高等工程教育研究,1997(2).

[4] 魏捷.对高校干部队伍建设的几点思考[J].中国高教研究,1999(3).

[5] 马德伟.关于高校干部队伍建设的思考[J].黑龙江高教研究,1999(3).

第四编　高职院校管理队伍建设

第十四章　高职院校管理队伍建设

高职教育要提升质量，队伍建设是关键，而队伍建设又包括十分丰富的内容。其中，师资队伍和管理队伍是最为重要的组成部分。相比而言，师资队伍建设的重要性得到了广泛的认同和更多的关注，但是，关于管理队伍建设的研究和思考仍缺乏针对性和系统性，《国家中长期教育改革和发展规划纲要（2010—2020 年）》对此也没有做出专门的规定，因此有必要对队伍建设进行整体性思考，把管理队伍建设摆上更加突出的位置，认真进行系统设计、有序推进，使之成为高职教育提升质量的有效支持。

一、制约高职院校管理队伍建设的若干因素

高等职业教育具有高教性和职教性双重特征，随着高等教育大众化的推进，我国的高等职业教育有了长足发展，从总体上看，院校数量已超过 1200 多所，在校生已达 900 万；从具体的院校看，校均规模已近 8000 人，"千亩校园、万名学子"已成为许多学校的真实写照。在这样的情形下，原有的适应较小规模的管理体制和运行机制势必要进行调整甚至是重建，必须从传统的经验式管理走向科学管理、由条条块块的分散式管理走向系统整合的集约管理。一般认为，系统科学的院校管理除了现代理念引领、健全制度规范、合理结构组织、先进文化塑造、美好环境熏陶之外，队伍水平提升至关重要，这就是我们经常说的"事在人为"。然而现实的情况是，在高职院校，管理队伍建设的重要性往往被忽视，这主要是因为：

（一）学校运行的特点导致管理队伍建设不受重视

在中国，公立学校和科研院校都按事业单位管理，事业单位的特征就是行政管理和专业技术双轨运行，每一名员工可根据需要和条件确定挂靠的职位和职级，"双肩挑"成为一种特有现象，而且，为体现尊重知识、尊重人才、重视专业、重视业务，一般而言，具有较高专业技术职务和较好专业水平的员工往往得到尊重与厚待，被认定为内行。相应地，从事具体行政管理、教学管理、学生管理、后勤管理和市场管理的员工很难当作重点培养对象。近年来，各高等学校开始重视学校管理，在收入分配制度改革等方面也有了相应倾斜（尽管有人称之为行政化或官本位），吸引了一批高层次知识分子从事学校管理工作，但由于各种原因，从事主要部门管理工作的员工往往由高职称专业教师来担任，管理工作仍然是双肩挑的一部分。从事物本身看，它是有利的，有利于提高人才的综合使用效能，然而也产生了一个不利结果，即管理队伍的相对独立性问题被模糊，重要性被削弱，专职从事管理工作的精力被分散。在不少学校，忽视管理和管理队伍成为通病，就这点而言，几乎所有事业单位都有这一问题。

(二)高职院校的属性影响管理工作的深化和细化

较之其他事业单位,高职院校忽视管理和管理队伍问题更加明显,究其原因是多方面的:一方面,中国的大部分高职院校都是近几年新升格或新建的,办学升格、规模扩张与管理升级的矛盾比较突出,学校的办学条件得到充分重视,而队伍建设虽步伐很快,但往往先满足教师队伍需要,因为"生师比"是考察和评价学校的一个硬指标,事实上来说,在规模快速发展、可投入的人力和财力有限的条件下,管理队伍建设往往处于被动应付状态。另一方面,高职教育具有高教性和职教性双重特征,在这双重属性的背景下,如何建立运行和管理机制本身就是一个复杂的问题,我们既要按职业教育规律办事,也要尊重高等教育规律,如何建立适应高等职业教育和高职院校需要的管理机制和管理队伍非常困难。更为突出的是:在高职院校规模发展快、队伍建设任务重的情形下,管理队伍往往被"挪用"和"挤占",也就是说,管理队伍会把相当精力乃至主要精力放在教学和专业工作上,即使是专职从事管理工作的员工,也会为了争取教学和专业技术资格而分散管理时间和精力,从而在一定程度上影响管理工作的深化和细化,正因为这样,高职院校管理队伍问题往往更加突出。

(三)高职院校加强管理队伍建设具有特殊意义

从高职教育的主要对象看,报考高职教育的学生,其在传统教育模式下的基础教育阶段,大部分不是最成功者,他们饱受过挫折,受到过冷遇。进入高职教育阶段后,他们经过3年的学习,要从普通中学生顺利实现向职业人的转换。在这个背景下,对高职学生进行政治引导、学业辅导、职业指导的任务十分繁重。我们需要激发高职学生的成功欲,需要唤起高职学生的创造欲,也要改正学生在基础教育阶段养成的不良习惯,建立适应高等职业教育学习的新秩序,正因为这样,仅学生教育管理和人才培养工作的任务就十分繁重,正是从这种意义上讲,高职院校更要全员育人、全过程育人、全方位育人。

二、提高质量阶段高职院校管理队伍建设任重道远

如果说,规模扩张和新建发展阶段高职院校管理工作不精细,管理队伍没有摆上十分重要的议事日程,还只是一个阶段性的问题,但如果长期继续这样的理念和做法,既会影响教育教学质量的提高,更会影响学校的可持续发展,必须把加强管理工作和管理队伍建设摆上新的高度,主要理由是:

(一)高职教育规模发展到一定阶段后必须重视管理革新问题

我们提出加强管理干部队伍建设,提高高职院校管理水平,并非对我国高职院校管理现状持一种否定观点,而是说,过去的状况是一个阶段的必然现象,而现在我们的高职院校已经有相当规模了,在规模达到一个阶段后,管理问题就显得重要和突出。正如著名学者所言,一切规模较大的组织或多或少需要组织指挥和协调,一个小提琴手是自己指挥,一个乐队就需要指挥。现在高职院校少则5000人,多则上万人,科学的管理机制、专门

的管理制度、高水平的管理队伍十分必要,管理队伍应该有专门的序列、专职化的人员配比和发展进阶。

(二)高职教育进入提高质量阶段后管理工作需要提升和加强

一方面是因为高职办学规模扩大需要专门化的管理;另一方面,高等职业教育进入发展新阶段,提高质量成为核心任务和主要工作。应该承认,高职教育规模发展成绩巨大,来之不易,而高职教育进入内涵发展阶段后,提高质量的任务更加艰巨。规模扩张是显性,而提高质量是隐性,十年树木、百年树人。因此提高质量,高职院校有大量的文章可做,教学工作的科学安排,师资队伍的合作调度,安全稳定机制的建立,思想教育的有效性,尤其是与高职教育特征相适应的校企合作、工学结合机制的建立等,都是管理工作和管理队伍建设的重要范畴。

(三)高职教育加强管理队伍建设是全方位工程

《国家中长期教育改革和发展规划纲要(2010—2020年)》明确指出,高职教育以校企合作、工学结合、顶岗实习为人才培养模式,这一人才培养模式决定了高职教育的管理队伍除了普通高等学校同样的人才需求以外,还有开拓人才市场和进行校企合作的强烈需要,也需要建立专门的队伍。这实际上是说,高职院校管理队伍建设不是局部的、部分的,而应该是各类专业人才的综合。

三、高职院校管理队伍建设的主要价值取向

构建全方位、整体化高职教育管理队伍,可以从不同角度进行分类建设,也可以作为高职院校管理队伍建设的主要价值取向。

(一)从管理队伍层次看,高职院校需要决策领导型、管理协调型、执行操作型三层次管理者

1. 决策领导型管理者,主要是指高职院校的校级领导班子。这支队伍应该具有较强的法律法规和方针政策意识,具有较强的市场意识和民主意识,懂政治、懂教育、懂市场、懂人才、懂学生,能够抓住机遇、能够整合资源、善于谋局用人、善于创新发展。这支队伍应该做到素质优异、数量适当、智能互补、结构合理。

2. 管理协调型管理者,主要是指中层管理干部队伍。他们在学校建设和发展中起着承上启下的中流砥柱作用,对他们的基本要求是,能创造性地开展工作,具有较强的学习力和执行力,能够把文件学清楚,把市场搞清楚,把环境建清楚,把思路理清楚,把事情做清楚,把活语(总结)说清楚。

3. 执行操作型管理者,主要是指高职院校管理队伍的基层干部。对他们的基本要求是,忠诚、专业、负责,能够领会领导意图,严格规范办事,认真履行岗位职责,在分管职责内充分行使职权,承担责任,做好工作,成为行家。

(二)从管理工作内容看,高职院校管理队伍建设需要重点培养六类人员

1. 教学管理队伍。这是高职院校管理队伍的基础性人才。学校工作以教学为中心,人才培养工作是重心,建设一支熟悉高职教育规律,懂市场、懂专业、会管理的教学管理队伍十分重要,它既包括教务处等职能部门,也包括实训等辅助教学管理部门,当然,更包括系(部)和专业(教研室)主任。

2. 育人管理队伍。这是高职院校管理队伍的重要组成部分。学校工作必须坚持以育人为本、德育为先,育人工作是学校工作的核心。因此,建设一支高素质育人管理队伍至关重要,他们必须懂学生、懂青年、掌握育人规律,具有教育学、心理学等方面知识,爱学生、负责任、会教育、愿服务。

3. 市场营销队伍。从某种意义上说,市场营销队伍是职业教育的特殊组成部分,也是有机组成部分。高职教育以就业为导向,以服务为宗旨,走产学研相结合发展道路,因此,正确定位、研究市场、开发市场、巩固市场是一所学校得以生存和发展的必要条件,正因为这样,高职院校必须培养一支市场意识强、营销水平高的人才队伍,促进高职教育可持续发展。

4. 安全管理队伍。发展是第一要务,稳定是第一责任。一所学校要创新发展、提高质量,其前提是安全和稳定,因此,建设一支忠于职守、纪律严明、责任心强,具有牺牲和奉献精神的安全管理队伍显得十分重要。

5. 后勤保障队伍。学校是一个综合体,高职院校学生都远离家长,以住校学生为主,因此,建设和完善后勤生活设施是中国现阶段高校运行模式的常态。正因为如此,同样需要建设一支服务意识强,具有较好服务技术和能力,脚踏实地、勤奋实干的后勤保障队伍。

6. 辅导员队伍。辅导员是中国高等学校队伍建设的特色,其主要任务是学生思想政治教育、学生发展指导和学生事务管理。按照中央有关要求,辅导员队伍要按照双重身份、双重待遇、双线晋升的要求,既要作为师资队伍来抓,也要作为管理队伍来抓,并切实增加投入,加强建设。

四、现阶段加强高职院校管理队伍建设的建议

高职院校管理队伍建设是一项系统工程,必须进行制度上的顶层设计,并争取有力措施加以推进。

(一)积极构建"双阶梯"式管理和激励模式

这就是说,高职院校必须建立起专门的师资队伍和管理队伍,两支队伍允许有交叉,但对"双肩挑"的范围和条件应有严格限制。师资队伍与管理队伍承担的岗位职责不同,遵循的工作逻辑不同,所需的能力要求和知识素质也不同,因此两支队伍建设具有同等的重要性,不可偏颇。就个体而言,应根据自身特长、条件等因素正确定位、科学规划,坚持岗位稳定与转岗慎重;就学校而言,应该明确教师和管理人员的二元序列与双重进阶,使两者在不同的序列下履行职能、在不同的进阶上实现成长发展,特别是在管理制度和办法设计上,采

用不同的考核指标,分别采用有效的激励措施,鼓励员工在不同岗位上勤奋创新、做出贡献、争创佳绩。

(二)科学设计管理队伍岗位设置和管理办法

当前,全国范围内正在进行事业单位岗位设置管理和改革。应当说,它对规范事业单位岗位设置和人员管理具有较大的推动作用,对实现事业单位内部管理由经验模式向科学模式发展具有积极的促进作用。但是现行的办法还不够精细具体,在推进思路上仍然沿袭了行政机构改革的相关制度模式,问题是,如果再按行政相关的办法建立薪酬考核办法,那就未必能得到应有的效果,弄不好还会违背决策的初衷。事业单位的存在理由主要是实现各级政府的公共服务责任、落实社会公平与福利的价值追求,不同于行政机构的公共管理职能与社会安全与秩序追求。因此,应该鼓励高职院校从学校特点出发,引入企业化管理机制和绩效考核办法,以真正体现高职院校校企融合的办学追求,比如在教职工的工资结构设计上应当减少固定的基本工资部分,增加灵活的绩效考核内容和办法。

(三)着力搭建一套专门针对管理队伍的综合培养体系

培训和教育是加强高职院校管理队伍建设、提高管理队伍水平的必要条件,为此,应建立综合化、立体式培养体系,尤其是在培养理念与培养内容上,要与师资队伍培训有所区别,各有侧重。具体而言,可包括以下几个方面:一是岗前培训,坚持做到先培训后上岗;二是岗位轮训,及时把新形势、新政策、新理念传达和领会;三是转岗培训,凡轮岗、转岗者都必须经过培训。要做到这些,就必须由教育行政主管部门会同有关方面设计系统的岗培从业资格标准,提供岗位培训条件和渠道,在培养内容上应当强化双语会话、计算机网络应用、公共管理学等方面的能力与水平,从而有利于管理队伍建设的有效开展。

(执笔人:周建松)

[参考文献]

[1] 付八军.关于高校"双肩挑"工作模式的审思和探寻[J].江苏高教,2010(4):99—101.
[2] 单作民.对高等职业学院内部管理转型过程的思考[J].教育与职业,2008(17):17—19.
[3] 樊流梧.高职院校管理模式的选择与建构[J].中国成人教育,2007(8):78—79.
[4] 赵建中.论和谐视野下的高职院校动态管理体系的建构[J].中国成人教育,2010(1):26—27.
[5] 李文钊.中国事业单位改革:理念与政策建议[J].中国人民大学学报,2010(5):134—142.

第十五章　高职院校辅导员队伍建设

在中国高校,辅导员是一个特殊的职业群体,他们具有教师和管理者的双重身份,既是高校教师队伍的重要组成部分,也是高等学校从事德育工作、开展大学生思想政治教育的骨干力量,是大学生日常思想政治教育和管理工作的组织者、实施者和指导者,是大学生健康成长的指导者和引路人。其地位身份之特殊、责任使命之崇高,足以说明建设好这支队伍的重要性。但客观地看,现阶段高等学校辅导员队伍面临着许多矛盾和挑战,与其理想模式差距甚远,必须直面挑战、科学研究、精心设计、系统解决。作为兼具职业教育和高等教育双重属性的高职教育的辅导员队伍问题,其矛盾冲突更为明显,有效解决的难度压力更大,更需要我们认真研究和统筹解决。

一、高职院校辅导员队伍的职业特性

(一)高职院校辅导员工作的主要内容及其相互关系

中共中央、国务院在 2004 年出台的 16 号文件和教育部在 2005 年出台的关于辅导员、班主任的配套文件中相继指出:辅导员是高等学校教师队伍的重要组成部分,是高等学校从事德育工作、开展大学生思想政治教育工作的骨干力量,是大学生健康成长的指导者和引路人。

1.高职院校专职辅导员是高职学生思想政治教育和日常管理工作的组织者和指导者。高职院校专职辅导员工作在学生思想政治教育的第一线,高职学生的日常思想政治教育主要由他们来组织实施和引导。组织学生学习中国共产党的光荣历史,培养学生的爱国主义精神的是专职辅导员;培养学生崇高的民族自豪感和自信心的是专职辅导员;引导学生关注时政和国家建设,了解我们国家和社会现实的也是专职辅导员;指导学生党支部和班委会的建设,培养学生党员和学生骨干的同样还是专职辅导员。

2.高职院校专职辅导员是高职学生成长成才的导师。高职院校是培养社会急需的高层次应用型人才的地方,其核心是塑造人的教育。大学时期,是青年学生完成世界观、人生观和价值观的定型时期。专职辅导员所要起的作用就是在高职学生世界观、人生观、价值观形成和变化的关键时期,发挥重要的教育和引导作用,解决青年学生在成长过程中碰到的各类问题,为学生指明正确的发展方向,促进学生的人格完善和成长成才。

3.高职院校专职辅导员是高职学生最值得信赖的朋友。高职院校的专职辅导员要成为高职学生健康成长过程中最值得信赖的朋友,只有和学生成为朋友,深入学生当中,方能了解学生的生活、学习和思想状况,学生才愿意与之交流和沟通。这样,专职辅导员才能真正影响学生、引导学生,才能成为高职学生的人生导师,才能更顺利地完成高职学生的日常思想政治教育和管理工作。

在这几个层次的工作内容中,学生思想政治教育是辅导员的核心工作,学生成长成才指导是主体性工作,学生日常事务管理是基础性工作。

(二)高职院校辅导员工作的主要特征及其关系

从上述三个方面的内容可以看出,高职院校的辅导员工作的对象是高职学生,因而决定了其工作性质具有以下三个特点:

1.对象的善变性。即辅导员面对的是一个个不同的具有特定价值倾向且处在不断变化和发展之中的大学生,后者的善变性和可塑性决定了辅导员职业的挑战性和创造性,同时也对辅导员的思想境界、教育理念、教育能力、工作艺术提出了更高的要求。

2.内容的复杂性。辅导员工作千头万绪、纷繁复杂且没有时空边界,辅导员不仅是大学教育的重要力量,而且是各种教育要素的协调者,既要把握校内教育资源,又要整合社会与家庭教育资源。

3.影响的长效性。辅导员的工作方法是多种多样的,对高职学生成长的影响也是多方面的,既需要丰富的学识智慧濡染,又需要自身的人格感召,辅导员与大学生的交往也是相互的或者是双方乃至多方互动的,其工作机理在于潜移默化、长效促进。

(三)由工作内容和性质提出的辅导员素能要求

由上述辅导员的工作内容和性质分析可知,辅导员确须具备教师和管理者的双重素质和能力。具体来说,主要应做到:

1.高学历。这是其具备渊博知识和丰富智慧的一般前提条件,也是赢得大学生信任的主要前置内涵,自然也是做好辅导员工作的重要因素。同时,这里所说的高学历乃是相对于辅导员的工作对象而言的较高学历,不应理解为片面追求高学历甚至最高学历。

2.高素质。辅导员工作主要是做人的工作,其行为规范、道德品行、言语能力、奉献精神等都是十分重要的,缺少了高素质,辅导员工作一定做不好。

3.高水平。它需要有经验和知识的积淀,也需要有处理复杂问题的技巧和艺术,辅导员要善于发现问题、分析问题、解决问题,有能力推进系部、专业学生面貌既健康向上、生机勃勃,又保持平衡有序。

二、当前高职院校辅导员队伍面临的挑战

由于高等职业教育是在 2000 年前后才逐步得以发展和繁荣的,其因起步晚、办学层次和类型特殊的特点,相对于本科类的院校而言,高职院校在专职辅导员的队伍建设方面尚存在诸多问题。如高职院校的专职辅导员学历结构和整体素质明显低于本科院校;在接受培

训方面而言,参加辅导员骨干培训的一般都是本科院校占据绝对的名额;有条件选派专职辅导员出国深造和进修的也只能是本科院校有这个实力;高职院校因其特殊的办学性质,整个教师队伍的科研氛围不浓,使得专职辅导员对工作的研究能力也相对偏弱;在发展通道和政治待遇上,本科院校由于办学层次较高,编制较多,对专职辅导员的定岗定级较为明确,而高职院校在对专职辅导员的编制、行政职务晋升、定级等方面则没有本科院校那么明确,使得众多辅导员对未来的出路比较迷茫。笔者所在院校的学生工作部门曾就高职院校的辅导员队伍建设做过专项调查,结果表明,高职院校的辅导员队伍建设还存在诸多问题,现就调查结果分析如下。

(一)人员配置失衡,队伍整体素质较低

据笔者所在学院的学生工作部门调查统计,在所调查的高职院校中,一线专职辅导员与学生的数量比在 1:200 范围内的只占 45%,而 55% 的高职院校则高于这个比例,甚至有些学校竟达到了 1:300 以上。在参与调查的专职辅导员中,已婚的占 48%,未婚的有 52%;工作年限在 3 年以内的为 49%,4—5 年的为 27%,5 年以上的有 24%。其中,初级职称的为 50%,中级职称的为 35%;本科学历的占 63%,硕士(含硕士在读)的为 37%。调查发现,中青年辅导员是辅导员队伍的绝对主力,30 岁以下占 78%,31—40 岁占 22%;大学期间有团总支、学生会或社团工作经历且担任过学生干部的占 68%,有团总支、学生会或社团工作经历但未担任过学生干部的有 21%。大学期间所学专业与从事专职辅导员工作相吻合的占 16%,不吻合的达 55%。从高职院校专职辅导员队伍自身状况看,其学历职称总体不高,本科学历、初级职称仍然是这支队伍的主体。高职院校的专职辅导员队伍无论在学历还是在职称上,与专任教师相比还有不小的差距,距离向职业化、专家化方向发展的目标仍然任重道远。同时,专职辅导员自身的一些问题也应当引起重视。专职辅导员队伍中,出生于心理学、教育学、伦理学、政治学、社会学等相关学科背景的偏少,由于没有扎实的学科理论功底,实际工作中难以在方法论上进行深入探索,从而无法向学生解释清楚现实中的一系列新情况、新问题。近年来高职院校的专职辅导员数量猛增,引进的基本上是刚毕业的应届毕业生,加上辅导员岗位人员流动性大,队伍普遍呈现年轻化态势。年轻辅导员政治上的不成熟,对复杂的思想政治教育力不从心。

(二)收入水平差别较大,编制问题突出

调查对象中,年收入在 2 万元以下的占 8%,年收入 3 万—4 万元的占 64%,5 万—6 万元的占 24%,7 万元以上的仅有 3%。专职辅导员队伍的编制问题比较突出。所调查的专职辅导员中,事业编制的为 34%,人事代理的占 50%,聘用合同制的有 12%,还有一小部分临时聘用人员。此外,不同省份之间的收入差距也很突出,浙江地区高职院校的专职辅导员收入明显高于其他几个省份。相比本校同等条件的专业教师而言,78% 的专职辅导员表示自己的收入相对较低。

(三)发展通道受阻,具体事务繁杂

有数据显示,75% 的专职辅导员明确表示在工作中压力较大,14% 的人认为压力非常

大。调查中,当问到在工作中遇到的最主要的三个问题是什么时,排在首位的是个人发展前途与出路,占78%;其次是事务性工作与专业理论提升相矛盾、工作负荷过大,分别占60%、53%(如图1所示)。

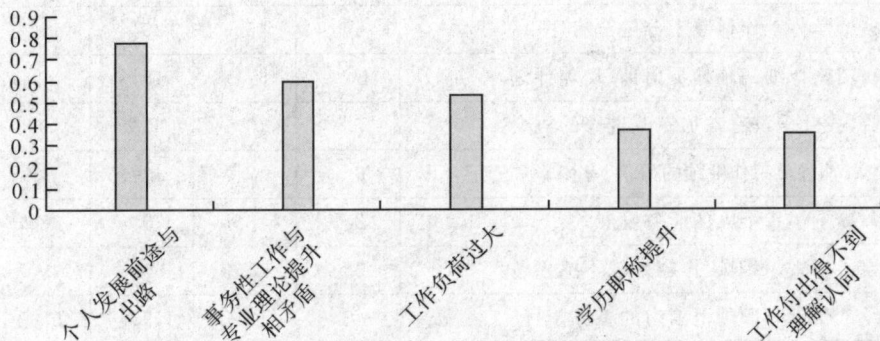

图1　高职院校辅导员工作中所遇到的问题

而高职院校的专职辅导员的工作压力主要来源于以下方面:自身发展前途与方向、工作量大、工作职责不清,分别占66%、53%、47%,还有其他一些因素也使得辅导员在工作中感受到压力的存在。如学生思想观念日益复杂多元、工作中的突发性、应急性事件等(如图2所示)。

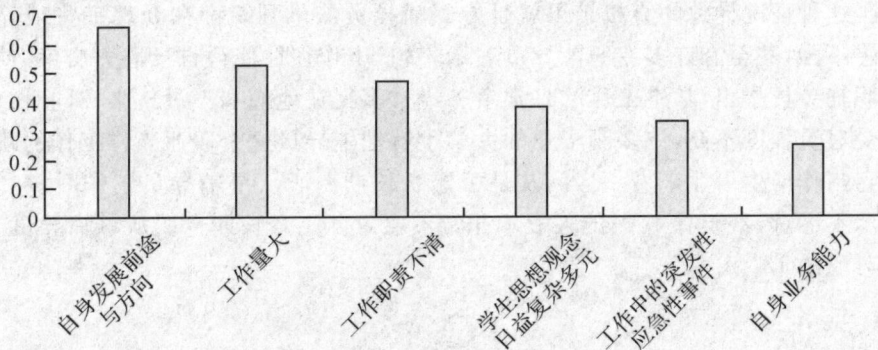

图2　高职院校辅导员的工作压力来源

调查还发现,高职院校的专职辅导员工作满一定年限后被提拔为行政科级以上干部的概率较小,53%的人认为这只是个别现象,对于大部分辅导员而言,则很少有这种机会,39%的人则觉得这种机会几乎没有;59%的人表示自己学校的专职辅导员不享受任何行政级别待遇;19%的专职辅导员表示担任学工办主任、团总支(分团委)书记的辅导员才享受行政级别待遇,但相对于整个专职辅导员队伍而言,这毕竟是极少数人才拥有的机会。

(四)工作体系不健全,管理制度不完善

通过问卷分析可以看出,学生工作体系不健全,付出与所得的薪酬待遇不对称,学校缺乏周密详细的专职辅导员培养、培训项目及实施计划,专职辅导员很少有机会参加专业进修,单位对专职辅导员的工作业绩评价、考核不公正、不合理,工作经常受到非职责范围内事务的干扰,烦琐的事务影响了个人业务的提升等,在一定程度上影响了专职辅导员工作的积极性。如表1所示。

表1 影响高职院校辅导员工作积极性的因素与辅导员实际符合情况对照表

影响辅导员工作积极性的因素	很不符合	不符合	部分符合	符合	很符合
我的工作付出与我所获得的薪酬待遇比较对称	10%	50%	25%	15%	0
我们学校整个学生工作体系十分健全有序	5%	45%	30%	15%	5%
我校制订有周密详细的辅导员培训、培养计划	11%	67%	15%	7%	0
作为辅导员,我几乎没有参加专业进修的机会	7%	15%	35%	40%	3%
我所在单位对辅导员工作业绩的评价、考核非常公正合理	3%	47%	40%	6%	4%
烦琐的事务影响了我个人的业务发展	2%	15%	20%	38%	25%
自从做辅导员以来,我对工作越来越不感兴趣	3%	11%	30%	49%	7%
我的工作经常受到非职责范围内的事务干扰	0	13%	15%	65%	7%

(五)受尊重程度一般,归属感偏低

调查中,74%的专职辅导员觉得在单位受尊重程度一般,21%的人认为专职辅导员在单位地位低下,得不到他人的尊重。正是因为如此,所以学校里好多部门都可以给专职辅导员摊派任务。这种情况导致的直接结果就是专职辅导员从早到晚都在处理一些琐碎事务,职业的归属感不强,甚至有许多专职辅导员表示,整日工作往往使得自己心力交瘁、精疲力竭。65%的专职辅导员指出,学生工作的日常事务经常多得让他们喘不过气来。同时,由于专职辅导员的受尊重程度不高,许多刚毕业的大学生就把辅导员这个职业当作工作的跳板,很少有人会把它当作毕生事业来做。当问及是否愿意长期专职从事辅导员工作时,73%的辅导员明确表示不愿意,甚至有10%的人表示非常不愿意。愿意长期专职从事辅导员工作的只占被调查对象的13%。

三、影响高职院校辅导员队伍建设的主要因素

高职院校相比较本科院校而言,其起步较晚,再加上其特殊的办学性质,往往使得高职院校重学生技能培养,轻学生思想政治教育。这种背景下,导致高职院校专职辅导员队伍建设存在问题的因素很多,具体来说,主要有以下几个方面。

(一)高职院校对专职辅导员队伍建设缺乏足够重视

《教育部关于加强高等学校辅导员班主任队伍建设的意见》指出,加强辅导员、班主任队伍建设,是加强和改进大学生思想政治教育的重要组织保证,对贯彻落实党和国家的教育方针,把大学生思想政治教育的各项任务落到实处,具有十分重要的意义。在此之前,党中央国务院还就加强高校学生的思想政治教育出台过专门的文件,教育部也就加强辅导员队伍建设连续出台配套文件。但是在实际工作中,"上有政策,下有对策"的现象比较严重,各高职院校对辅导员队伍建设重视程度不一,政策落实力度不强。调查发现,部分高职院校的党

政领导对专职辅导员工作重要性的认识还没有达成共识,重视不够、配备不全、措施不力。目前高职院校辅导员队伍建设存在的主要问题有学校主要领导不重视、辅导员队伍建设经费不足、在专职辅导员学历深造和进修提升等方面没有政策支持、没有建立健全专职辅导员队伍建设的工作机制等,导致专职辅导员队伍业内发展渠道不通畅、社会地位和职业评价普遍不高。

(二)专职辅导员的职业准入制度不严

根据职业要求,高职院校的专职辅导员应该具备较高的思想政治觉悟,其专业知识背景应与辅导员的岗位要求相适应,如心理学、教育学、思想政治学等,同时还要具备与辅导员工作相匹配的职业素养和职业能力。但是在选拔招聘专职辅导员时,几乎所有高职院校都把"是否为中共党员"或"是否毕业于重点高校"作为应聘人员的素质考察指标。一旦人员确定,对其进行简单的工作培训后就认定其达到了上岗标准,至于所应聘的人员是什么专业背景、其能力是否达到辅导员工作的要求则被放在次要位置。

在职业规范方面,随着时代的进步与高等教育的发展,高校学生工作实际对专职辅导员的职业能力和综合素质的要求也越来越高。为应对形势的需要,当今的专职辅导员不仅要知识渊博,而且其人格魅力也一定要强,专业技能也一定要硬。遗憾的是,我国目前尚未出台专门的辅导员职业资格认证制度,职业资格标准建设也尚在起步阶段。

(三)高职院校专职辅导员培训工作薄弱

要提升专职辅导员队伍专业水平和业务能力,对专职辅导员开展不同层次和类型的培训是一个重要途径。高职院校对专职辅导员培养培训工作薄弱,是导致队伍整体水平不高的一个重要原因。

在实际工作中,高职院校对专职辅导员的培训普遍缺少针对性和系统性,无法做到像对待专业教师那样,将专职辅导员的培训纳入学校师资提升规划之中。大部分情况下,当专职辅导员意识到知识的匮乏时,只能通过自学来达到"自我提升",但由于日常事务太多太杂,绝大部分专职辅导员又无法做到全身心投入自学。鉴于此,部分辅导员会自觉不自觉地放松政治理论及有关专业知识的学习,致使自己的政策理论水平偏低,实际工作能力无法有效提高。当学生提出的一些政治思想或其他方面的问题时不能有效地运用科学的理论去引导和说服,也不能与时俱进地对学生的学习生活给予有力的指导。这些往往会使得专职辅导员在学生中的影响力、威信、说服力受到削弱。

(四)高职院校专职辅导员业内发展机制缺乏

目前,高职院校专职辅导员队伍建设中出现的问题,绝大多数是因为专职辅导员业内发展机制缺乏造成的。一是身份不明确,尽管教育部明确规定,辅导员具有教师和干部的双重身份,实际上,相当部分高职院校对辅导员的身份归属仍比较模糊,把他们等同于教辅人员和管理人员,其教师身份在校内难以得到认同。二是职责不明晰。辅导员承担着学生政治思想教育,日常事务管理和大量行政工作,直接导致辅导员"几手都在抓,几手都没硬"。辅导员承担角色多,职责跨度大,工作战线长,一方面让他们对工作应接不暇、疲于应付,产生职业倦怠和工作盲目性，另一方面繁重的工作也让他们失去继续学习的条件和动力，导致队伍后劲不足，作用发挥不理想。三是发展前景不明朗。一些高职院校对辅导员队伍建设缺乏整体规划，发展机制不健全，分流渠道不畅通，是辅导员队伍发展出路和职业前景的最大阻力。现有的职务职称评定办法、专业化职业化发展等瓶颈性问题制约了辅导员队伍的可持续发展，职业认同感较差，缺少必要的发展空间，导致辅导员队伍整体不稳定，缺乏长期坚持的工作动力和积极性。

四、对加强高职院校辅导员队伍建设的整体思考

加强高职院校专职辅导员队伍建设，是一项复杂系统的工程，要做好高职院校的专职辅导员队伍建设工作，就得从合理配置并优化专职辅导员队伍的结构、建立卓有成效的专职辅导员队伍激励制度、健全专职辅导员的培训体系等方面着手，加强对专职辅导员的科学化管理。

（一）合理配置并优化专职辅导员队伍的结构

高职院校的专职辅导员是学生在校期间寻求指导最多、联系最为紧密的人群，所以高职院校要针对当前高等职业教育的发展实际，按照德才兼备和精干的原则，合理配备一线专职辅导员的数量，并要优化这支队伍的结构。

1. 保证专职辅导员的数量。高职院校的专职辅导员和学生的比例至少达到1∶200，要严把进人关。由于近年来高职院校人事管理制度的多元化，使高职院校专职辅导员的来源不再局限于单一的渠道，形式是多种多样的。专职辅导员的"进口"渠道多了，如果不严格把好关口，势必会鱼龙混杂，降低专职辅导员队伍的质量。因此，我们要优化高职院校的专职辅导员队伍，至关重要的是要把好"进口"关。在把住进口的同时，还要开通"出口"，对工作业绩不佳，经实践检验不适合辅导员工作的人员能够及时调整出去，形成"能上能下、能进能出"的良性机制。

2. 严格专职辅导员的准入制度。高职院校要在源头上把好专职辅导员队伍的入口。在招聘专职辅导员时，应按照德才兼备的宗旨，坚持公平、公正、公开的原则，遵循政治强、业务精、纪律严、作风正的素质要求从品学兼优的高校毕业生、优秀青年教师中选拔、培养专职辅导员，以保证这支队伍的总体素质。一般而言，在我国高职院校从事学生思想政治教育及学生事务管理工作的专职辅导员必须是中共党员，要具有坚定正确的政治方向、敏锐的政治洞察力、政治鉴别力，并能坚持党的教育方针。从人员配备来看，应严格按照国家规定的辅导员与在校学生人数1∶200的比例标准配备专职辅导员；从选拔程序来看，要坚持面向社会的公开公选招聘和在本校青年教工中单独确定考察人选和对象的内部选拔相结合的方式。

3. 要把握专职辅导员队伍的五个结构。高职院校要在专业、学历、职称、年龄、性别等方面把握好专职辅导员队伍的五个结构。第一是专业结构。因为高职院校的学生思想政治教育和日常事务管理工作是一门科学，它涉及思想政治教育、心理学、社会学、伦理学、教育学和管理学等专业领域，这就需要从事该项工作的专职辅导员必须具备上述学科的专业背景。

第二是学历结构。随着高等职业教育的不断发展,学生的思想观念日趋多元,高职学生思想政治教育及日常事务管理工作迫切需要高学历的专职辅导员加入,因为高学历的专职辅导员不仅能更深刻地分析、探讨、研究学生的思想政治工作,还能在学生中更好地树立威信。第三是职称结构。高职院校应创造条件打破专职辅导员职称评审的瓶颈,形成高中低梯次合理的专职辅导员职称结构,因为合理的职称结构能在具体的工作中发挥高职称辅导员的"传、帮、带"作用,促进低职称辅导员的快速成长,同时,搭配合理的职称结构也是专职辅导员队伍综合实力的体现,有利于维护专职辅导员队伍的稳定。第四是年龄结构。实际工作中,不同年龄段的专职辅导员有着不同的工作特点,因为年龄不同,其阅历和经验也各有不同。比如年轻的辅导员思维活跃、观念新颖、工作有激情,且容易和学生打成一片,工作年限久、年龄稍长的辅导员经验丰富、见多识广,当面临复杂问题和突发事件时,他们能巧妙应对,周到处理,因为年龄的关系,年长的辅导员在工作中更容易让学生信服。第五是性别结构。随着社会观念的不断变化,家长对子女教育的重视程度越来越高,在高职院校里,女大学生的数量和规模在逐年增长,在有些高职院校,女学生的数量甚至大大超过男生的数量,成为校园的学生主体。这在一定程度上改变了以往学生思想政治工作的内容和方式。同时由于女性在生理、心理上的特有性质,高职院校必须在专职辅导员的性别结构上予以合理设置,以便在实践中更好地开展学生的思想政治教育与日常事务管理工作,增强辅导员工作的针对性和实效性。

(二)建立卓有成效的专职辅导员队伍建设激励制度

1.打通专职辅导员的职称评审瓶颈。因为专职辅导员角色和岗位性质的特殊性,高职院校应将专职辅导员列入教师编制,实行教师职务聘任制,在职称评定方面给予适当倾斜。专职辅导员可以申报政工系列、教师系列和研究系列职称,侧重于考核思想政治素质和工作实绩。高职院校要根据自身所具有的评审权和有关政策规定,组织专门的思想政治教育职称评审组织,负责专职辅导员的职称评审、推荐工作。在专职辅导员的职务聘任中,要充分考虑思想政治工作实践性强的特点,注意考核思想政治素质、理论政策水平及从事思想政治工作的实绩和能力。

案例:上海市目前正探索将辅导员队伍的职称评聘单独作为一个系列,纳入学校职称的评聘制度,还为每一名辅导员提供职业生涯规划,鼓励一部分优秀辅导员走职业化道路;华中科技大学在辅导员中专门设立3%和25%的教授岗和副教授岗,讲师岗不限;上海大学率先设立辅导员职级制,规定3级辅导员相当于副教授级别并享受同等待遇,4级辅导员相当于教授、硕士生导师级别并享受同等待遇,而5级辅导员则等同于博士生导师级别与待遇;重庆大学实行辅导员职称评聘计划单列、评定标准单设、评审委员会单独成立。与此同时,专业教师晋升职称时,一定要有班主任或辅导员工作资历。

2.理顺专职辅导员的管理体制。理顺管理体制是专职辅导员队伍长效性建设的重要一环。目前实行的管理体制中,大多数高职院校的专职辅导员的编制在二级分院或系部中;日常工作的安排、考核在二级分院(系)部、学院学工部、团委;而任用、选拔、提升、流动由院党委组织部和人事处负责。这样就形成多重管理、考核的局面,导致专职辅导员工作责任不明确,任务又过于繁重,难有成就感;而在培养和出路上又少人问津或只停留于纸上或口头上,以致专职辅导员不得不自谋出路,争先恐后地"分流"。高职院校要出台专门的制度,明确专职辅导员的岗位工作职责,做到目标任务清晰,工作落实有章可循。

解决了体制问题,就会增强专职辅导员的职业归属感,也就明确了专职辅导员的工作责任,使他们能够感受到作为一名辅导员有自己的工作阵地和进一步发展的可能,是一项可以长期从事的职业,这是实施专职辅导员职业化的前提。

3.明确专职辅导员的出路和待遇。高职院校要关心专职辅导员的工作、生活和出路,认真落实有关政策,从制度上解决好他们的职务、职称、待遇、发展等问题;完善专职辅导员的评优奖励制度。将优秀专职辅导员的表彰奖励纳入各级教师、教育工作者表彰奖励体系中,按一定比例评选,统一表彰;要树立一批专职辅导员工作先进典型,宣传他们的先进事迹,充分肯定他们在大学生思想政治教育中的贡献;专职辅导员的岗位津贴要纳入高职院校内部分配体系统筹考虑,确保专职辅导员的实际收入与学院同级别、同层次的专任教师的实际收入水平相当;专职辅导员应享受所聘岗位的岗位津贴;高职院校在院内教职工福利方面,专职辅导员应与本院相同资历、相应职务的专任教师享受同等待遇;高职院校要统筹规划专职辅导员的发展出路。凡在专职辅导员岗位上工作满一定年限的人员,根据工作需要、本人条件和意愿,应有计划地做好他们的"提、转、留"工作:(1)提——对那些政治素质好、业务能力强、有发展潜力的中青年思想政治工作的骨干作为党政后备干部予以重点培养,根据工作需要逐步提拔使用;(2)转——转到教学、科研或管理工作岗位;(3)留——继续留在学生思想政治工作岗位上并加以培养。通过以上措施,在动态中不断优化专职辅导员队伍,促进干部交流,建立积极向上、不断进取的选拔培养机制。

(三)建立健全专职辅导员的培训培养体系

高职院校需关心专职辅导员的成才成长,加大对这支队伍的培训培养力度。要通过发挥学校内部学生工作经验丰富的老教师的传帮带作用,积极创造有利于专职辅导员开展工作实践和研究的教学科研条件,同时要坚持培养和使用相结合的原则,促进专职辅导员队伍的整体水平提升。

1.实施辅导员"青蓝工程"。实施辅导员"青蓝工程",通过开展指导教师与新辅导员结对子活动,发挥指导教师的传帮带作用,使辅导员尽快提高自己的职业道德、学生工作能力和管理水平,建设一支政治思想好、师德高尚,具有严格的科学态度、团结合作、创新进取精神的辅导员队伍,使他们在辅导员岗位上由合格提升到胜任,由胜任进步到优秀。"青蓝工程"中的青方是指新进校从事专职辅导员工作的青年教师,蓝方是指具有丰富学生工作经验的教师和管理干部。

"蓝方"的主要职责:(1)帮助辅导员提高政治思想素质和敬业精神,增强其工作能力、社会适应性和社交能力。(2)点评指导辅导员所开展的学生管理工作,指导辅导员开展重大、疑难的学生工作,帮助辅导员尽快提高学生管理工作水平。(3)帮带期为2年。"蓝方"的聘任条件:①具有良好的职业道德和思想情操,为人师表,工作踏实,有积极进取的精神。②具有中级及以上职称,至少在本校担任过一届班主任工作且考核合格及以上者或从事学生工作2年以上的相关人员。

"青蓝工程"实施措施:(1)"青蓝工程"由学生处负责组织实施和考核。(2)每名新辅导员由所在系或学工部推荐指定一名指导教师。个体"青蓝工程"的培养计划由系部负责制订,并具体落实实施。(3)各系(部)负责对本系"青蓝工程"实施情况进行定期抽查和期终验收。(4)每学年末全院组织开展总结评比活动。(5)帮带期满经考核合格以上者,学院视考核结果,给予指导教师一定数额的奖励。被培养的新辅导员表现优秀者,学校同样需要给予一定奖励;经考核不合格者,青方将不予聘任或解除录用协议,蓝方视同班主任或任学生导师考核不称职。

2.加大专职辅导员队伍培训培养力度。

(1)坚持培养和使用相结合的原则,加强对专职辅导员的培养和提高。高职院校坚持培养和使用相结合的原则,加强对专职辅导员的教育和培养。通过组织经验交流、提高学历层次、定期培训、外出进修、参观考察等多种形式的培养教育活动,不断提高他们的政治理论素养和政策水平,增强敬业精神,努力提高组织管理工作水平和工作技能。要将专职辅导员的培养纳入学校师资培训规划和人才培养计划,享受专任教师同等待遇。

(2)建立长效性的培养制度,切实促进专职辅导员队伍的整体水平提升。高职院校要建立长效培养制度,对专职辅导员定期进行培训,如岗前培训、日常培训、专题培训、更新知识培训等各种形式的岗前培训和在岗培训,培训内容主要包括马克思主义基本理论、时事政策、管理学、教育学、社会学和心理学,以及就业指导、学生事务管理等方面的知识和技能。对专职辅导员的培训要纳入学校的师资培训规划,由组织部、人事处及学生工作部负责实施。原则上每年对专职辅导员队伍至少进行一次业务培训,对新从事学生工作的专职辅导员进行一次岗前集中培训,每年与省内外院校进行校际交流1—2次,每两年组织一次省外学习考察。

第一,岗前培训制度。在新选聘的辅导员上岗前,职业院校要组织专业人员或资深辅导员对新参加工作的专职辅导员进行岗前培训,让他们了解学院的一些基本情况和学生管理工作的具体情况。专职辅导员经过培训达到基本要求,取得合格证书,方可上岗工作。

第二,学生工作例会制度。职业院校每月要召开1—2次由各二级学院党委书记(分管学生工作的副书记)或专职辅导员参加的学生工作例会,在会议上,要结合当前实践,加强时事培训,让专职辅导员了解更多的现行政策及管理条例,以会代训,通过例会学习文件、研究问题、布置工作等,从而让专职辅导员更好地了解学生工作的管理规定。

第三,专题培训制度。通过座谈会的形式或者讲座的形式开展培训,围绕某一学生管理工作主题,让与会的座谈人员进行经验交流,总结模式;另外还可以通过讲座形式,邀请有关专家开展专题讲座,加强专职辅导员对有关领域专业知识的了解和学习。

第四,在职学习与进修培训制度。高职院校支持专职辅导员在做好大学生思想政治教育工作的基础上在职攻读相关专业学位,鼓励和支持专职辅导员成为思想政治教育工作方面的专门人才。选拔优秀专职辅导员脱产攻读相关的硕士、博士学位,实现骨干队伍向思想政治教育和学生管理的职业化、专家化方向发展。专职辅导员工作满一定年限后,学校要有计划地安排他们一定时间的脱产、半脱产培训进修。此外,学校还需要选派一定数量的专职辅导员进行业务培训,比如心理咨询师培训、职业指导师培训等等。

当然,有条件的高职院校应设立辅导员培养发展基金,每年划拨一定专项经费,用于专职辅导员的培训学习。辅导员培养发展基金的管理和使用由学生工作部统一负责,根据学校计划和各二级学院申报的项目给予资助。各二级学院必须结合部门实际设立专项经费用于专职辅导员的培养提高。

3.创造专职辅导员结合工作实际开展教学科研的条件。由于专职辅导员所从事的学生思想政治教育与日常事务管理是一门科学,所以高职院校要充分依托本校思想政治教育学科的资源优势,鼓励和引导专职辅导员挂靠思想政治教育或人文素质与职业素养教研室,为专职辅导员的专业化和职业化发展提供学科支撑。同时,要创造条件支持一线专职辅导员开展与实际工作有关的实践性研究,推动专职辅导员队伍由"埋头苦干型"向"实践—研究型"转变。条件成熟的高职院校最好能为专职辅导员配备专门的导师,通过一对一指导来提升辅导员的理论素养和科研水平等。高职院校要把学生思想政治教育与管理的研究纳入哲学社会科学科研管理范畴,规范管理。充分发挥学校思想政治工作研究载体的作用,为专职辅导员开展研究工作提供平台。学校要划拨研究专项基金,采取招标和委托的方式,就大学生思想政治教育中迫切需要解决的若干重大问题,支持专职辅导员开展应用性、前瞻性课题研究。支持和鼓励专职辅导员承担大学生思想道德修养与法律基础、形势政策教育、心理健康教育、就业指导等相关课程的教学工作,并合理核定其工作量。把专职辅导员开展教学和科研的情况作为年度考核和职称评定的重要依据。

总之,要培养出既有过硬的思想素质又能适应时代发展需要的应用型技能人才,从事高职学生管理的一线专职辅导员责无旁贷。在大力推进素质教育和加强大学生思想政治工作的今天,迫切需要建设一支思想品德过硬、专业素质扎实、工作能力和敬业精神较强的适应高职学生管理的长效性的专职辅导员工作队伍。

(执笔人:周建松、王懂礼)

[**参考文献**]

[1] 胡建新.切实解决辅导员队伍建设的四个问题[J].中国高等教育,2009(8).

[2] 方宏建,等.论高校辅导员的工作内容和实现方式[J].中国高等教育,2009(10).

[3] 周元武.论辅导员队伍的职业化、专业化建设[J].学校党建与思想教育,2010(12).

[4] 何泽彬.论高校辅导员职业生涯发展[J].中国成人教育,2008(1).

[5] 陈立民.高校辅导员理论与实务[M].北京:中国言实出版社,2006.

[6] 杨振斌、冯刚.高等学校辅导员培训教程[M].北京:高等教育出版社,2006.

[7] 共青团中央学校部.加强和改进大学生思想政治教育优秀实例选编[M].北京:中国人民大学出版社,2005.

[8] 朱正昌.高校辅导员队伍建设研究[M].北京:人民出版社,2010.

[9] 张再兴,等.高校辅导员队伍建设理论与实践[M].北京:人民出版社,2010.

[10] 刘海春.学生工作队伍职业化、专业化的提出及展望[J].思想教育研究,2006(8).

[11] 王政书.试论高校辅导工作面临的挑战与对策建议[J].高等教育研究,2007(2).

[12] 杜庆君."专业化＋职业化":当前高校专职辅导员队伍建设的新视角[J].山东省青年管理干部学院学报,2005(2).

[13] 冯刚.论辅导员的专业化培养和职业化发展[J].思想教育研究,2007(11).

[14] 薛徽.辅导员队伍专业化培养与职业化发展[J].思想教育研究,2007(12).

[15] 范润宽.高校政治辅导员队伍"专业化"建设的必要性及途径[J].山西财经大学学报:
高等教育版,2004(3).

[16] 教育部关于加强高等学校辅导员班主任队伍建设的意见,教社政〔2005〕2 号.

[17] 胡刚.略论高校辅导员队伍的职业化[J].教育行政学院学报,2008(2).

[18] 昆明医学院关于进一步加强学生工作队伍建设的意见,昆医党发〔2005〕38 号,昆明医
学院网站.

[19] 杨晓慧.培训培养与高校辅导员专业化研究[J].思想理论教育,2008(13).

第十六章　高职院校班主任队伍建设

中国的高等学校不同于欧美高校,欧美高校实行的是书院制,而我们则实行"院—系—班级"三级体制,同时,中国的高校特别强调学校的教书育人职责,因此,一般而言,各高等学校都按照中央的规定配备有足量的思想政治教育辅导员(简称辅导员)。与此同时,各学校都根据学生工作的需要,建立以班级为基本单元,以专业、年级、系部(或二级学院)为主要归口的管理组织形式。几十年来,作为班级具体管理者的班主任这个概念,无论在小学、中学还是大学都是十分牢固的。

就高职院校而言,目前的班主任工作模式主要有两种:一种模式是采用辅导员直接带班负责班级的教育管理工作,一些学校要同时配备班主任,此时的班主任主要侧重于学生的专业指导和学习辅导,班主任的角色定位类似于导师制中的导师;在这种模式下,也有一些学校不再另外配备班主任,由辅导员负责全部的班主任管理工作。另一种模式是按照《教育部关于加强高等学校辅导员、班主任队伍建设的意见》(教社政〔2005〕2号)(以下简称教社政〔2005〕2号文件)精神配备的,做到了"专职辅导员总体上按1∶200的比例配备,保证每个院(系)的每个年级都有一定数量的专职辅导员。同时,每个班级要配备一名兼职班主任"。从各高职院校班主任配备实际情况看,多数高职院校采用的是第二种模式。其主要原因,一是由于受升格以前管理模式的影响,二是第一种班主任管理模式在一定程度上弱化了学院"三全育人"工作。本文主要就第二种模式下的班主任队伍建设作些分析和思考。

一、高职院校班主任的地位与作用

中共中央《关于进一步加强和改进大学生思想政治教育的意见》(以下简称中央16号文件)指出,辅导员和班主任是高等学校教师队伍的重要组成部分,是高等学校开展大学生思想政治教育的骨干力量。班主任负有在思想、学习和生活等方面指导学生的职责,是大学生健康成长的指导者和引路人。自中央16号文件及教社政〔2005〕2号文件颁布以来,各高职院校相继出台了有关条例措施,反复强调班主任在育人工作中的地位和作用。经过近些年的实践证明,进一步加强高职院校班主任队伍建设,对于新时期加强高职院校学生思想政治教育和提高班级管理水平,充分发挥班主任对学生成长成才的引领指导作用,具有十分重要的现实意义。

(一)高职学生成长需要班主任的扶持

斯坦福大学教育专家内尔·诺丁斯在《学会关心——教育的另一种模式》一书中指出，"强调教育的道德意义，主张教育应该培养有能力、关心人、爱人也值得人爱的人"。如果学生没有处于一个被教师关心的环境中，很难想象他们如何学会关心他人以及公共事务。班主任的工作对象是学生，三年的高职生活正是学生的世界观、人生观和价值观逐步走向成熟的重要阶段，由于受市场经济环境下多元化价值观念的影响以及来自学习、生活、情感、就业等多方面压力，这一年龄阶段的青年容易产生思想上的困扰。因此，班主任要用真诚的爱陪伴学生，要关注并且引导学生，要帮助学生树立正确的人生观和价值观。

(二)班主任是班级工作的核心

在思想政治教育中，班主任是班级的直接管理人，是开展学生思想政治教育活动的组织者。在安全稳定工作中，班主任是对学生进行安全稳定教育的责任人，负责掌握学生动态、了解学生需求、消除安全稳定隐患。在日常学生管理中，班主任是落实学院学生管理的一线教育工作者，是提供学生动态信息的主要来源，是开展家校互动和提高学生就业竞争力的重要力量；在学风建设中，班主任是学生进行学业规划的引导者，在开展诚信教育、考风考纪教育以及鼓励学生积极参与社会实践活动、提高学生创新意识、培养学生创新能力等方面具有不可替代的作用。

(三)班主任是班级的灵魂

班主任是一班之主任，他从新生入学到毕业都在带班，可谓是，与学生千日相连、朝夕相处，毕业后会保持十分密切的联系。学校有什么任务乃至通知都通过班主任传达或安排；党组织要吸收学生入党，不管班主任是不是党员，也要听听班主任的意见；至于评选考核、推优评奖，与班主任更有直接的关联。人们在列举学生情况时，往往都说是哪个班的，甚至是哪个人(指班主任)的。毕业后回校或遇见校友，都会问或答我是哪个人(指班主任)班上的，或者称班主任是谁。一般地说，在专科、本科阶段，只有当过班主任的教师才会理直气壮地说"某某是我的学生"，相当于硕士和博士阶段的导师和研究生之间的关系。由于班主任与班级学生联系的广泛性、密切性、频繁性和长期性(高职一般三年连贯)，使得班主任对学生的影响非常直接、非常广泛乃至非常深刻，一定意义上讲，班主任是班级的灵魂。

(四)从事班主任工作可提升教师能力，促进教书育人工作

教师担任班主任，一是可以促进教师进一步深入学生和了解学生，更好地把握学生的需求和特点，为更好地开展教学活动打下良好的基础；二是可以提高教师的组织管理、沟通交流和处理复杂问题的能力，让他们积累丰富的学生工作经验，促进理论知识与具体实践的相互促进融合，全面提高教师的自身能力和综合素质。三是可以将教书和育人工作有效结合。早在20世纪前半叶，伟大的人民教育家陶行知先生就十分明确地提出他的主张"学校是施教育的地方，教员负施教育的责任""先生不应该专教书，他的责任是教人做人。"可见，教书育人是教师的天职，是教育工作应有之义。高校班主任制将教书和育人的两大职能有机结

合,体现了教师天职的要求。

以上各方面的现实需求奠定了班主任在高职系统中的地位,也充分体现了班主任在育人工作中的特殊地位。

二、高职院校班主任的角色定位

班主任作为开展大学生思想政治教育的骨干力量以及大学生健康成长的指导者和引路人,在工作中扮演着多重角色,发挥着多种不同的职能,从多个方面体现着班主任对学生成长成才的重要价值。

(一)班级工作的组织管理者

班主任作为班级事务的第一责任人和主要管理者,全面负责所带班级的日常管理工作。从学生入学至毕业的 3 年间,无数大大小小的事情都是在班主任的指导下,师生相互配合协作得以完成的。班主任如同掌舵手,在把学生输往顺利毕业和优质成长成才彼岸的过程中,在确保学生安全稳定的基础上,既要把握好班级的前进方向,又要善于处理协调班级工作的具体事宜。学生的思想政治教育、班风班纪教育、评奖评优、学生干部队伍建设等各项工作都与班主任日常工作密切相关,因此,班主任的重要任务之一是担当好班级工作的组织管理者,从宏观上掌控,从全局上把握,从细微处着手班级的各种事务,充分调动学生的主动性和积极性,营造积极向上的班风学风,营造良好的学习成长环境。

(二)学生成长路上的指导者

高等职业教育是一种以培养适应未来社会的具有较高思想道德素质和科学文化素质的准职业人的教育,其在人才培养目标、办学理念、教育模式、教学方式等各个方面都与中学教育存在着较大的区别。高职新生由于缺乏对大学的正确认识和深入了解,面对全新的高校生活往往表现出对新环境的不适应与对个人发展方向的迷茫困惑。部分学生存在着不自信心理和对目前所学专业茫然和不认可的心态。同时,处在不同阶段和不同专业的学生会面临各自不同的问题,这些问题与学生的日常生活、学习发展以及自身利益息息相关,若不能及时有效地处理将会对学生的成长成才带来或多或少的影响。因此,班主任对于学生成长过程中遇到的种种困惑给予指导和帮助就显得尤为重要,班主任的重要角色之一便是做好学生成长路上的指导者和引路人。

(三)人生观和价值观的引导者

班主任是青年学生道德品质的塑造者和人生观、价值观的引导者。高职三年是学生的道德修养、理想信念、人生观和世界观形成奠定的重要时期,学生的价值取向和道德追求很大程度上取决于其所接受的学校教育和文化熏陶,而班主任是与学生接触最多、联系最紧密的教师,其思想观念和言行举止会在无形中对学生的思想观念产生潜移默化的影响。因此,班主任要做好学生人生观和价值观的引导者,以日常思想政治教育为契机,引导学生树立正确的世界观、人生观和价值观,教会学生在复杂多变的社会环境中坚定立场、坚持原则、坚守信念、明辨是非。

(四)班级活动的主导者

班主任是班级活动的策划者。班级重大活动的开展,离不开班主任的指导以及学生干部的配合执行。一个学期举办什么样的班级活动,如何举办活动,活动要达到的目的和效果是什么,需要班主任审核把关。其中的一些具体活动,还需要班主任提供指导,学生负责具体事务的执行落实,双方相互配合,才能顺利有序地开展下去。例如,主题班会的开展,需要班主任围绕当前的中心工作并结合本班学生的实际特点进行组织策划,并以此逐步教会学生处理问题的思路和方法。

(五)学生的良师益友

和谐良好的师生关系应是一种亦师亦友的关系。作为班主任,除了需要以师长的身份引导教育学生,也应该以朋友的身份深入到学生中间,赢得学生的信任与喜爱。这也就是班主任既要在学生中树立威信,履行传道授业解惑的职责使命,关心关爱学生的成长成才,尽己所能为学生的发展和需要提供指导和帮助。同时,班主任又要与学生打成一片,俯下身子以朋友的身份拉近与学生的距离,增进师生之间的情谊,倾听学生的真实心声,敞开胸襟接受学生提出来的意见和建议。除此之外,班主任还要积极发扬民主精神,抛弃师生之间呈二元对立的管理与被管理的陈旧观念,淡化师长身份,与学生平等对话、亲切交流,形成亦师亦友的良好师生关系。

三、高职院校班主任应具备的素质

高职院校班主任身处学生工作第一线,是学生从学校到社会过渡的导航人,扮演着多面角色以及承担着来自多方面的工作,应具备良好的综合素质。

(一)思想政治素质

班主任是高职院校思想政治教育工作队伍中的重要组成部分,是开展大学生思想政治教育的骨干力量。班主任的思想政治素质主要包括三个方面:一是自身的政治理论水平。班主任应当具有较高的政治理论水平和马克思主义理论基础,及时学习党和国家的最新路线方针政策,以自己理论知识和文化修养去影响学生。二是积极进取的精神。政治理论水平的高低并不能代表思想觉悟的高低,关键在于理论学习之后通过自身的思考将理论上升为行动的指南,使理论真正成为推动实践和提高业务的动力,并以积极进取的精神感染带动学生成长。三是自身的道德修养和师德师风。学高为师,身正为范,作为一名高职院校班主任,在教育学生、管理学生和服务学生的过程中,如果具有良好的道德修养和师德师风,具有明确的善恶是非观念,那么他在做学生思想政治教育工作时,就可以通过身教的力量做好学生的思想政治教育工作。

(二)业务素质

班主任工作是一项十分讲究工作方法和技巧的综合性工作。班主任在实际工作中会面临多种问题,面对班级可能发生的事情,需要班主任具备扎实的业务水平,拥有丰富的知识储备,并且善于灵活运用知识。因此,班主任业务素质的提升对于提高班级管理的成效性具有重要的作用。首先,班主任需要加强业务学习,不断通过日常学习充实完善自身的知识结构,掌握与学生教育管理工作相关的教育学、管理学、心理学、思想政治教育原理与方法等多方面的知识,了解与学生管理相关的各种规章制度和实施办法,研究当代大学生的心理特点和成长规律,加深对班级管理和思想政治教育的理解与把握。其次,班主任应当主动学习、了解与自己所带班级学生专业相关的基础知识,从而更有针对性地对学生开展专业方面的指导,增进与学生之间的沟通交流。通过系统地了解教育目的和教育原则、教育过程和教育方法,科学地调控教育环境,合理利用各种教育资源,把握学生的最新动态,达到最佳的教育效果。

(三)心理素质

班主任工作对于学生的成长成才起着重要的影响作用,这要求班主任首先必须具备强烈的事业心和责任心,对学生工作怀有高度的热情和主动负责的精神,用爱心、关心、耐心和细心把班主任工作当作一项崇高的事业来对待和追求。其次,班主任应具备良好的心理素质。心理素质较好的人,面对各种问题能处乱不惊,通过自己敏锐的观察和客观的推断找到问题的关键所在并采取正确的方法予以解决。具有必要的心理健康知识的人,可以及时发现并有效化解学生的心理冲突,可以合理利用校内外资源做好学生的心理健康教育,培育心智健康的学生。除此之外,拥有年轻健康心态的班主任也更容易和学生相处,更容易成为学生的知心朋友,从而更好地开展学生工作。

四、高职院校班主任队伍结构

按照系统论的观点,一个系统能否产生较强的功能,取决于两个基本的因素:一是构成系统的要素质量;二是系统要素之间的组合联系方式,即系统的结构。高职院校要根据实际工作需要,对班主任工作队伍进行科学的结构配置。其中,一支结构合理的班主任队伍主要体现在以下几个方面:

(一)年龄结构

年龄结构主要是指班主任队伍人员结构中,不同年龄人员的比例构成和相互关系。年龄是一个衡量个体成熟程度的重要特征量,不同年龄的群体在身心特点、性格气质和思维方式等方面都有较大的差异,不同年龄的教师具有不同的优势,以及教育和管理学生所运用的方法与手段也不尽相同,因而它是班主任队伍人员结构中的一个重要因素。例如,老年教师的教学经验较为丰富,教学基本功底扎实,但可能激情和活力相对不足,且可能会与学生之间存在较大的代沟;青年教师充满激情和活力,教学方式和手段比较新颖多样,较易与学生打成一片,但是实际教学经验比较欠缺,处理问题的能力相对欠缺;中年教师兼具了老年教师与青年教师的优势,但往往由于家庭、生活、教学、科研等事务缠身而导致投入到学生身上的时间和精力有限。因此,在加强高职院校班主任队伍建设中,我们应考虑把不同年龄段的教师吸纳进来,全面覆盖到"老马识途"的老年教师、"中流砥柱"的中年教师、"生机勃勃"的青年教师,使不同年龄阶段人员的优势互补,从而构成一个老、中、青相结合的比例均衡的综合体,并使此结构处于不断发展的动态平衡中。

(二)知识结构

知识结构主要是指班主任队伍中具有不同知识水平和知识结构的人员的比例构成和相互关系。从知识水平来看,高职院校教师的知识有多少之分和深浅之别,学历层次涉及从本科到博士各个层次,并且教师的教学和科研水平也有着显著的差异。从知识结构来看,高职院校各系部教师的专业五花八门,跨度较大,涵盖了学校所有的学科门类,每位教师所擅长的具体研究方向不尽相同。因此,要打造一支拥有合理知识结构的高职院校班主任队伍,必须将不同知识水平和知识结构的人员编排进来,结合每名教师的特点和长项,分别担任不同年级和不同专业的班主任,并且尽量保证班主任所学的专业与所带班级学生的专业相同或相近,以便更好地对学生开展学业和专业指导。另外,在知识水平方面,应当由初级、中级、高级职称的人按一定的比例构成,一方面鼓励知识水平相对较弱的年轻教师积极投入学生管理工作,另一方面也可以充分发挥中高级职称教师对年轻教师的引领和带动作用。

(三)能力结构

能力结构主要是指班主任队伍中,具有不同工作能力人员的比例构成和相互关系。每名教师所擅长的能力各有不同。班主任能力主要包括专业能力和个人特长两个方面,其中个人特长包括演讲表达能力、动手实践能力、社会调研能力、写作表达、组织策划能力等各种具体的能力水平。专业能力和个人特长分别对于帮助学生进行学业指导和发展学生的综合素质具有重要的作用。例如,可以安排动手实践能力较强的老师担任工科专业类教师,指导学生开展各类电子机械类作品制作;安排喜好计算机的教师担任信息技术类专业班主任,安排有丰富社会实践和推销经历的教师担任市场营销类专业班主任。通过对不同能力结构的人员进行合理的配置,形成能够发挥最佳效能的有机整体。

(四)性别结构

性别结构主要是指班主任队伍中,不同性别的人员的比例构成和相互关系。思想政治教育工作对象的性别差异,要求思想政治教育工作队伍必须有合理的性别结构。在不同的情况下,应有不同的男女比例组合。例如,对于女生较多的班级,应侧重于选择女教师担任班主任,以便班主任能以过来人的身份设身处地感受女生的一些真实想法,同时这也方便班主任进寝室了解学生的生活情况。但是,性别结构并不意味着男女师生必须一一对应,有时候也要考虑到性别的互补,在性别比例较为失调的情况下选择异性教师能弥补某一方面较弱带来的缺陷,有时反而会给班级带来意想不到的效果。总之,性别结构应在总体平衡的情况下,视具体情况进行调整和配置。

五、高职院校班主任队伍建设的原则

教育以育人为本、以学生为主体,办学以人才为本、以教师为主体。而班主任是教师队伍的中坚力量,是学生思想政治教育的主要力量,需要以正确的理念和方法加强高职院校班主任队伍建设,以确保班主任人才层出不穷,活力永驻。

(一)人尽其才,优化配置

建设一支思想素质好、业务水平高、综合素质强的高职院校班主任队伍,关键在于对教师进行人才资源开发,对学校教职工的知识、能力和素质进行综合测定,科学合理地开发组织和使用,持续不断地增强学校员工的能力,形成群体合力,提高学校整体效能的管理活动。首先,学校要帮助教师对自己进行正确的认识和全面的评估,包括对自身的条件、兴趣、爱好、优缺点、能力和追求的认识或评价,认清自己的脾气秉性、优势才干。其次,学校要注重战略性和整体性,谋求人与事、人与人之间的相互适配,充分发挥教师的潜能和作用,帮助他们制订职业发展规划。再次,学校在对教师职业生涯设计评价的基础上,提供职业发展的信息和职业咨询,制订开发策略,使教师和工作岗位实现良好的匹配。

(二)统筹兼顾,合理引导

高职院校班主任队伍建设是一项系统工程,不仅要考虑到队伍中人员的数量和质量,还要考虑到队伍的结构性问题以及个体与整体之间的关系,个体与岗位的匹配程度,等等。因此,高职院校进行班主任队伍建设时,应当秉承统筹兼顾、合理引导的原则,从宏观上掌控,从全局上把握,打造一支结构合理的班主任队伍。在进行队伍的整体设计时,要将设计的出发点和目的告诉班主任,争取每一名个体成员的积极配合,避免因沟通不畅引起不必要的误会。同时,要加强对班主任的合理引导教育,帮助班主任树立大局意识,让其充分发挥自身的主观能动性,自觉地与学院的总体要求保持一致。

(三)公平公正,科学考核

为了充分调动班主任工作的主动性和积极性,应制定高职院校班主任工作条例,进一步明确其工作职责和工作要求。应本着公平公正、奖惩分明的原则,建立科学完善的考评机制,对班主任的工作表现和工作业绩进行客观的评价。考核要坚持定量考核与定性考核相结合。定量是定性的基础和前提,没有一定的工作量的付出,不可能会有工作性质上明显的绩效的提高。定性评价是对一个阶段或者一个年度的工作情况给出一个结果。将定量考核和定性考核结合起来,保障了考核的客观性与科学性。要将考核结果与职称职务聘任、奖惩、晋升等物资和精神奖励挂钩。要完善班主任评优奖励制度,将优秀班主任表彰奖励纳入各级教师、教育工作者表彰奖励体系中,按一定比例评选,统一表彰。要树立一批班主任先进典型，宣传他们的先进事迹，充分肯定班主任在学生思想政治教育中的贡献，并从物质层面、精神层面和个人发展等多方面对优秀班主任给予大力支持。对于工作不称职的班主任要进行批评教育，仍无改进的应调离工作岗位。在事关政治原则、政治立场和政治方向问题上不能与党中央保持一致的，不得从事班主任工作。通过建立完善班主任工作考评机制，充分调动班主任工作的积极主动性，促进班主任队伍建设朝着规范化、有序化和竞争化的方向发展。

六、高职院校班主任工作的特征与重点

高等职业教育的目的是培养一线应用型人才，其教育的职业导向尤为明显，高等职业教育中与学生成长紧密相关的班主任工作具有鲜明的阶段性特征；这种阶段性特征要求班主任根据不同阶段学生的身心特点和发展需要开展具有针对性的活动。

(一)大一阶段是帮助学生尽快适应新环境的重要阶段

努力实现从中学到大学的平稳过渡，调整个人认知和心态情绪，使学生能更好地融入大学生活。一些高职学生由于高中时期成绩不理想或高考发挥失常来到高职院校，并由此产生较为强烈的挫败感和消极自卑的心理。班主任应该针对其特有的心理特点帮助他们重建信心，鼓励他们积极投入新的学习和生活，给予他们更多的关注和关爱，让他们尽早从消极自卑的负面情绪中走出来。除此之外，班主任要注重对大一学生进行学习习惯养成和学业生涯谋划的指导工作。大学与中学的教育管理模式截然不同，而许多学生对大学的认识是非常片面和浅薄的，同时他们也缺乏相应的思想和心理准备，当面临完全不同的大学生活时，他们往往会变得手足无措和迷茫困惑。另外，一些学生在高中时期习惯了一切以高考为中心的学习生活模式，而上大学后由于失去了曾经奋斗的目标，不知道自己努力的方向，从而产生了强烈的无所适从感。这时，班主任需要及时帮助新生调整个人认知和心态，树立新的奋斗目标，指导他们开展以职业为导向的学业生涯规划，让他们尽快找到自己的兴趣点和未来的发展方向。

(二)大二阶段是学生进行知识积累和能力提升的关键时期

在学生逐步适应大学的生活，养成大学的学习习惯之后，就进入了专业知识的学习生活。班主任在这一阶段的工作重点是对学生进行职业能力培养、职业操守养成和职业素质提升。在此阶段，知识传授和技能培养的工作主要是由专业教师担任，班主任应主动与之沟通做好专业教育。而一些班主任往往也是专业教师，更应当将专业教育与日常学生管理巧妙地融合在一起，实现班主任与专业教师双重角色的有机统一，促进学生专业知识和职业素质的提升。

(三)大三阶段是学生逐步走出学校进入社会成为一名准职业人的重要阶段

经过前两年的学习、积累和准备，大三时许多学生将踏上实习岗位开始全新的生活。这一阶段班主任的工作重心在于加强对学生的就业与创业指导,做好学生毕业实习的教育管理工作。大三伊始,班主任就应当帮助学生树立正确的就业和择业观念,根据自身的条件和兴趣爱好明确自己的就业目标和求职意向,并不断调整修正和完善。班主任应当对学生进行就业政策宣讲、求职与就业技巧指导,使学生有充足的准备和充分的把握去应对求职就业,提高学生的就业成功率。这一阶段需要班主任紧紧围绕促进学生就业这一中心目标投入大量的时间和精力对学生进行就业指导工作。同时,班主任应做好学生毕业实习的教育管理工作。通过现场走访,通过电话、QQ、短信、飞信等方式进行联系,及时了解学生的实习状况并做好安全防范教育,做好思想、心理上的教育和引导工作,使之适应实习生活,为进入社会做好心理和思想的准备。

七、高职院校班主任队伍建设存在的不足

由于在实际操作中的种种原因,当前高职院校班主任队伍建设还存在一些不足,这主要表现在:

(一)新人当班主任居多

许多学校都是依靠刚参加工作的教师当班主任,一方面是学校出于想尽快使新教师融入学生,了解学生情况,以便今后更好地开展工作;另一方面是因为新来的教师刚入校比较听话,对于上级安排的任务都会无条件答应,且其本身也有尽快融入学校和学生、做出一番业绩来证明自己的心理需求。然而,新进校的教师担任班主任多半是从校门到校门,缺乏实际的教学经验与学生管理经验,且由于刚到学校,对学校的整体情况和各项规章制度尚不熟悉,有的新进校教师甚至还没有一些大二、大三的学生熟悉和了解具体情况,因此在实际工作中很难给学生提供有效的帮助。另外,由于许多新教师都要承担较重的上课任务,因此,精力不够、政策不熟、力度不到等问题也会随之产生。与此同时,新教师往往正面临或即将面临恋爱、婚姻、住房、育儿等个人问题,很难有足够心思和精力来做好班主任工作。

(二)带着任务当班主任

由于大多数高职院校对于教师职称晋升都有一定学生工作经历的年限要求,许多教师为了晋升职称不得不兼任班主任工作,但其内心往往是不愿意的,因此在实际行动中就表现得较为懈怠。有的班主任长期不与学生联系,经常以各种理由推脱参加学生的各类活动,对于学生的思想、学习、生活情况也知之甚少,很少对学生有深入的交流和细心的关怀,带有明显功利色彩和任务观念,在班主任工作中出现了主动性和积极性明显不足的现象。

(三)对班级工作投入力度有限

实事求是地说,高职院校班主任的工作是比较辛苦的。他们一般都是身兼数职:作为教

师,班主任要寓德于教,充分发挥本学科潜在的德育功能,尽力上好课;作为研究人员,班主任要追踪学科前沿,发表科研成果;作为班集体建设的领导者,班主任要更多地关注每一个学生的发展,尽力满足每一个人不同的发展需要。当一个人身兼几种角色时,当目前职称导向、教学导向明显强过育人导向时,班主任便无法投入更多精力去做好班级工作,甚至有时连投入班级工作的时间也是没有保证的。

那么,究竟为什么会出现老师不愿意当班主任的情况呢?原因恐怕有五:一是班主任工作事无巨细,工作繁杂,尤其是当个别学生出现突发事件或者出现班主任管理上的漏洞时,承担的责任大;二是学生数量多,需要投入的精力大。由于近年来高校扩招,高职院校的学生人数与日俱增。面对数量庞大的学生群体,许多高职院校只好采取一名班主任同时管理几个班级的措施,无形中增加了班主任的工作量。三是部分学校班主任待遇落实不到位,不利于也不能够调动教师当班主任的积极性或者说不能产生激励效应;四是部分班主任对育人工作重要性认识不到位;五是辅导员与班主任制度存在职责不清、管理交叉的问题,容易造成辅导员领导班主任的感官印象。

八、加强高职院校班主任队伍建设的思考和建议

应该说,纵然有诸多原因影响教师担任班主任工作,但班主任工作的重要性是显而易见的,班主任队伍建设更是一项紧迫而系统的工程,必须予以加强。

(一)从指导思想上重视班主任队伍建设

对辅导员队伍建设,中央有明确要求,也有明确考核机制,而班主任工作主要靠学校自觉,相对难以引起主要党政领导和全校上下的重视。正因为这样,我们认为,各校党委必须从加强和改进大学生思想政治工作,从切实推进全程、全方位、全育人的高度认识问题,从培养社会主义现代化建设优秀接班人和合格接班人角度认识问题,从学校校友队伍建设、品牌建设和可持续发展高度认识问题。

从教师角度来看,应该认识到,育人是人民教师的崇高职责,承担班主任工作是教师应尽的义务,做班主任工作也是一种锻炼,一种经历,是人生的宝贵财富,也是教师特有的人生体验,意义重大,他人还无法替代,有机会带班做班主任工作,也是人生一大本事,更是能力和水平的展示,培养一批优秀的学生,终身受益,一生荣耀。

(二)认真做好班主任队伍的选聘配备工作

做好高职院校班主任的选聘配备工作,是加强班主任队伍建设的首要基础。高职院校要根据实际工作需要,科学合理地配备足够数量的班主任,为每个班级都配备一名班主任。高职院校在选拔班主任时,应在学校党委的统一领导下,在学生处及各院系的具体组织下,采取组织推荐和公开招聘相结合的方式进行选拔。

在保证数量充足的基础上,要倡导和选择高层次人员担任班主任工作。从职业道德与职业技能相结合,专业知识与能力培养相结合的角度认识班主任工作,必须倡导和要求下列

人员担任班主任工作。一是专业主任承担班主任工作。专业主任是本专业教学培养的主要设计者,也是连结人才培养与行业企业的主要活动者,教学方案的主要实施者,如果能够担任班主任工作,不仅能收到业务和素质双重功效,校内和校外双重效能,而且也有利于带领更多的教师参与教书育人的工作,从而提高整体育人水平和质量。二是高职称专业教师承担班主任工作。高职称专业教师学识渊博,基础扎实,容易受到人们的尊重,也容易影响和教育学生。最近浙江大学出现的院士当班主任效应就能很好地说明问题,如能发挥高职称学术带头人作用,则班主任工作也会收到事半功倍的成效。三是高学历教师承担班主任工作。高学历教师见多识广,师长资源丰富,往往也受学生崇拜和尊重,让这些教师担任班主任工作,既会得到学生的喜爱,也有利于引导学生走上爱学习、爱钻研、爱知识的好轨道,必然有利于学风建设。

(三)大力加强班主任队伍的培养培训工作

加强高职院校班主任队伍的培养培训工作,是提高班主任工作能力和水平的关键。各地教育部门和高职院校要制订详细的班主任培训计划,建立分层次、多形式的培训体系,做到先培训后上岗,坚持日常培训和专题培训相结合。其中,要重点组织班主任系统学习马列主义、毛泽东思想、邓小平理论、"三个代表"重要思想、社会主义核心价值体系和科学发展观等一系列党的理论成果,了解掌握党和国家的大政方针政策,学习管理学、教育学、社会学和心理学等相关学科理论知识,以及大学生学业与职业生涯规划、就业与创业指导、学生事务管理、心理健康教育等方面的知识。同时,要适时安排班主任进行脱产、半脱产或在职培训进修。通过定期输送一批班主任参加业务培训学习、社会实践和学习考察,不断提高班主任的思想政治素质和业务素质,使其开阔视野、拓展思路、提高解决实际问题的能力,增长做好思想政治教育工作的才干。

(四)合理划分班主任和辅导员的职责

教社政〔2005〕2号文件指出:辅导员、班主任是高等学校教师队伍的重要组成部分,是高等学校从事德育工作、开展大学生思想政治教育的骨干力量,是大学生健康成长的指导者和引路人。可见班主任和辅导员的地位、性质和作用有着基本的共同点。

尽管如此,他们具体的职责还是不同的。中央16号文件指出,辅导员按照党委的部署有针对性地开展思想政治教育活动,班主任负有在思想、学习和生活等方面指导学生的职责。由此可以看出,班主任和辅导员在工作内容以及工作对象上是不同的。从工作内容来看,辅导员从宏观的角度统筹和兼顾学生的文化、社会活动的组织开展,集中开展学生政治理论学习活动,加强学生的理想信念教育。班主任则侧重于学生教育管理的更加细致和深入,对个别学生的思想问题要给予引导和疏通。从工作对象来看,辅导员负责一个年级学生的思想政治教育工作,而班主任则负责一个教学班级学生的日常管理和思想政治教育。班主任与辅导员之间的关系应当是点和面的关系,班主任工作是对辅导员工作的有益补充。从组织领导来看,他们都在高校院系党组织领导下,独立地从事学生的教育培养工作,是两个平等的教育主体,不存在一方领导和管理另一方的问题,共同对院系党组织负责。当然,在实际的工作中,无论是辅导员还是班主任都应当主动和另一方通气,通报学生工作情况,相互支持和配合,这样才能做好学生的各项教育培养工作,才能避免因辅导员与班主任角色错位产生弱化班主任工作的现象。

(五)切实为班主任工作和发展创造条件和提供保障

制定促进班主任工作和发展的制度政策,是加强班主任队伍建设的重要保障。要切实为班主任的工作和发展提供资源和有利条件,加强对班主任的物质保障和人文关怀,解决好与班主任切身利益相关的问题。具体而言,一是计入教育教学工作量。建议把教师工作量统称为教育教学工作量,担任班主任就是直接的育人,应该占据一个教师 1/4 左右的工作量,据此作为考核依据。二是提高报酬和待遇。按照一个班主任带两个平行班相当于 1/4 工作量的标准,建立相应的报酬和补贴制度,使其达到应有的报酬水平。三是建立奖励机制。除了每年开展优秀班主任评比,并对优秀班主任进行奖励以外,还要采取更加优厚的措施,如提高奖励标准,必要时可尝试学术或调休制度,即带好三年一届班主任后,可以让教师享受半年学术假或实践假,以鼓励班主任工作。四是完善提拔晋升机制。对班主任工作做得好的教师可以在晋升专业技术职务、提升行政级别等方面予以倾斜,对长期担任班主任工作成效显著的教师可特设岗位给予倾斜。

总之,我们在政策上要崇尚担任班主任光荣,在物质上要给班主任尝甜头,在机制上要让班主任有盼头。

(执笔人:周建松、张鹏超)

[参考文献]

[1] 中共中央国务院关于进一步加强和改进大学生思想政治教育的意见[Z].中发〔2004〕16 号.

[2] 教育部关于加强高等学校辅导员、班主任队伍建设的意见[Z].教社政〔2005〕2 号.

[3] 张晓兰.试论高职院校辅导员、班主任队伍建设[J].中国成人教育,2007(6).

[4] 项进,高歆.论高校班主任在育人工作中的地位及作用[J].思想教育研究,2011(11).

[5] 张山,齐立强.新时期高校班主任工作方法探讨与实践[J].学校党建与思想教育,2010(11).

[6] 袁延生.班主任队伍建设应凸显五大理念[J].教育与职业,2007(12).

[7] 胡元林.基于胜任力模型的高校班主任队伍建设[J].教育探索,2011(1).

[8] 马建华.高校班主任队伍建设现状与对策探析——以陕西省为例[J].思想教育研究,2010(12).

[9] 刘君.适应素质教育加强高校队伍建设[J].中国高教研究,2000(4).

[10] [美]内尔·诺丁斯.学会关心——教育的另一种模式[M].于天龙,译.北京:教育科学出版社,2003.

第五编　高职院校人才团队建设

第十七章 国家级教学团队建设的研究与实践
——以浙江金融职业学院金融管理与实务专业为例

我国高等职业教育经过近年来的快速发展,在人才培养和专业建设方面取得了显著成绩。高职院校专业改革与建设,离不开团队建设。教学团队建设,是人才培养工作和各项建设工作的关键要素。一支高水平的专业教学团队,可以有效地提高专业教学水平,提高教师教育教学能力,实现教育教学资源共享。在教学团队建设上,专业带头人和团队建设的关键,专任教师是团队建设的主体。在团队的组成上,如果仅仅拥有一名综合素质较强的团队带头人,一支具有较高水平的专任教师队伍还是远远不够的,必须要通过制度建设,吸收行业、企业的领导和业务骨干参与到教学中来,组成一支高水平的"双师结构"教学团队,才能切实提高专业教学团队的教育教学水平和人才培养质量。通过高水平的教学团队,进行专业建设与课程建设。

一、组建高水平的"五位一体"专业教学团队

浙江金融职业学院金融管理与实务专业在"双师结构"教学团队建设过程中,与商业银行等金融机构密切合作、深度融合,从学生的毕业岗位面向出发,与中国人民银行杭州中心支行、浙江银监局、金融企业、校友和学校专任教师组建了"五位一体"互渗式"双师结构"教学团队,通过金融文化、诚信文化和校友文化三维文化建设,实现了学校文化与商业银行等金融企业文化的有机融合。浙江金融职业学院金融管理与实务专业通过教学团队建设,使专业教学水平和人才培养质量得到了不断提高,专业影响力大大增强。该团队在2009年国家教育部、财政部国家示范性建设工作中取得了优秀成绩,并获得了国家级教学团队荣誉称号。

(一)与宏观金融调控部门合作,强调学生宏观意识和后续发展能力建设

浙江金融职业学院金融管理与实务专业学生培养定位为面向商业业务一线、熟练银行业务操作、熟知产品、熟悉营销的高素质技能型金融人才。专业毕业生岗位适应快、动手能力强,在工作中用人单位非常欢迎。但是,在我们的人才培养跟踪调研过程中也发现,毕业生的宏观经济金融意识不强,对经济金融问题的分析能力较弱,严重影响了金融专业毕业生的进一步发展,毕业生的发展空间受到了制约。针对上述问题,我们从专业教学标准的制定、课程体系的设置、教师的教育教学各个环节查找问题产生的原因,都没有寻找到答案。

而通过课堂教学本身,从与学生的交谈和沟通中,我们发现问题在于学生对相对抽象的宏观经济金融理论与现象关心程度不够,学习的积极性不高。针对上述问题,我们在教学团队的组成上,吸收了宏观经济金融部门的领导和业务骨干参与到专业教学中来,聘请中国人民银行杭州中心支行的领导和业务骨干担任学校的兼职教师,与中国人民银行杭州中心支行签署了合作协议,组建了宏观经济金融理论与政策团队,聘请中国人民银行杭州中心支行行长为首席教授,聘请杭州中心支行的业务部门领导和业务骨干为兼职教师,组建了一支理论素养高、熟悉和精通经济金融形势的高素质行业兼职教师队伍。针对银行业工作的实际特点,专业制定了灵活的课程设置模式,由宏观经济金融部门领导和专家授课的内容,课程安排上,可以选择在周六和周日进行。同时和中国人民银行杭州中心支行共同制定兼职教师管理制度,切实保证课堂教学质量和课程教学有序平稳运行。在具体教学过程中,基础理论课程教学内容由学校的专任教师和人民银行系统的教师队伍组成,由学校专任教师负责制订教学计划,行校教师共同制定课程标准,共同备课,组织教学,使枯燥乏味的金融理论课程教学收到了意想不到的效果。

(二)与监管部门合作,加强应用型金融人才合规守法教育

孔子在《论语》中讲,"人而无信,不知其可也",朱镕基为上海国家会计学院"不做假账"的题词等,无不凸显诚信在社会经济发展过程中,在各行各业的重要意义。浙江金融职业学院金融管理与实务专业毕业生主要工作在商业银行业务一线,对学生进行合规守法教育显得更加紧迫和重要。在教学中,如何促使教师更多地关注诚信教育,在教学中,改变说教式教育方式,更多地通过案例教学,通过身边发生的事情,言传身教,激发学生的学习兴趣,是专业教学面临的一道难题。在专业教学团队建设工作中,吸收银行业监管部门的加入,为学生进行有针对性的教育,加强教学的针对性,是破题的关键。

浙江金融职业学院金融管理与实务专业和浙江省银监局签署关于加强合规守法金融"银领"人才培养工作的合作备忘录,在合规守法金融人才培养方面,确立了如下三点共识:(1)组建"双师结构"教学团队,共同培养合规守法金融"银领"人才。浙江金融职业学院金融管理与实务专业聘请浙江省银监局领导和业务骨干组建银行业合规经营与风险管理团队,结合课程教学对学生进行合规守法教育。浙江省银监局选派优秀的管理人员和业务骨干与浙江金融职业学院金融管理与实务专业教师组建一支"双师结构"教学团队,从制度层面保证"双师"结构教学团队稳定高效地开展工作。浙江省银监局对浙江金融职业学院金融管理与实务专业合规守法人才培养教学内容进行指导,共同培育优秀的合规守法金融"银领"人才。(2)建立定期工作机制,共享合规风险管理信息。浙江金融职业学院金融管理与实务专业和浙江省银监局在合规守法金融"银领"培养方面,建立起定期工作机制,研究合规风险管理方面的最新成果,共享合规风险管理信息。专业教师参加浙江省银监局有关会议和工作调研,利用自身的研究优势,开展商业银行合规风险管理方面的调研和研究,相关研究成果及时提供给浙江省银监局。浙江省银监局全面参与专业教学管理工作,实现教学与实践的零距离对接。(3)加强培训工作,提高浙江省银行业从业人员合规风险管理水平。浙江省银监局和浙江金融职业学院金融管理与实务专业对浙江省银行业从业人员共同开展合规风险管理培训,提高他们合规风险管理水平,对浙江省银行业从业人员开展全方位、系统

化的合规风险管理培训工作。

金融管理与实务专业通过和浙江省银监局的良好合作关系和相应的制度建设,与浙江省银监局合作组建合规守法专业教学团队,使金融管理与实务专业在诚信教育教学方面现实针对性更强,改变了原有专业教师说教式的教学方法,银监部门的领导和业务骨干通过银行监管过程中发生的一些具体问题,对学生进行诚信教育,极大地激发了学生的学习热情和学习兴趣。同时还可以带领学生到相关的金融机构进行现场学习和调研,将学习和工作内容有机地结合在一起,收到了非常好的教学效果。

(三)深化与金融企业合作,培养学生良好的职业素养与职业意识

高等职业教育的本质属性,决定了我们的专业人才必须要深入融入企业,人才培养规格与企业的岗位与综合素质要求相适应。只有在教学过程中,更多地融入企业要素,让学生熟悉企业实际情况和具体业务,才能使学生毕业以后能够马上适应岗位工作要求,做到"毕业与上岗零过渡"。

浙江金融职业学院金融管理与实务专业依托学校与金融行业的紧密合作的办学资源,和商业银行等金融企业共同制定的人事分配和兼职教师管理规定等方法,从金融机构聘请大量的行业专家和业务骨干从事专业课程和实践课程教学,组建了一支教学质量高,来源稳定,数量充足,校企深度融合、相互渗透的"双师结构"教学队伍。教学中,校内专任教师队伍负责教学管理与基础课程的教学工作,商业银行选派管理人员和业务骨干直接进入学校进行专业课教学,指导学生进行业务操作。学校根据教学要求,选派校内教师到商业银行兼职和挂职锻炼,参与商业银行业务实践,帮助银行解决实际问题。通过吸收金融企业的领导和业务骨干参与到教学中来,使专业教学与企业要求更加密切,学生在校所学的内容和毕业以后的岗位工作内容完全吻合,解决了专业教学与学生的工作岗位标准、需求不能完全对接的教学难题。

(四)吸收优秀校友资源,对在校生进行言传身教

校友在任何情况下都是一所高校的重要办学资源。校友不但有着在校期间的学习经历和切实体会,对学校和在校的师弟、师妹都怀有深厚的感情,同时,多年的业务实践工作,使他们积累了丰厚的工作经验,请他们回来,对在校的师弟和师妹进行教育,不但能够使他们更易于在心灵上接近和沟通,同时也可以使在校的大学生获得直接的来自业务一线的实践经验,对于提高学生的实践能力和动手能力起着非常重要的推动作用。

浙江金融职业学院在构建金融文化、诚信文化、校友文化三维文化育人体系中,非常重视校友工作,学校将每年的 11 月 3 日定为校友回校日,深入开展"千名学生访校友、千名校友回课堂、百名教师进企业、百名校友上讲坛、百名校友话人生"的 2300 活动。金融管理与实务专业在学校"行业、校友、集团"生态办学模式指引下,充分利用校友资源,扩大订单人才培养企业和人才培养数量;鼓励优秀校友在专业设立奖学金、奖教金;建立各地校友会,为学生提供就业信息、提供就业资源、拓展就业渠道、提高就业能力;建立一支以校友为主体的素质优良、来源稳定的行业兼职教师队伍;通过校友的纽带吸引金融企业与专业共同建设校外基地、校内实训室,提高教育教学条件。

(五)加强专任教师培养,提高教师教育教学能力

"双师结构"是高职院校教学队伍建设的关键。在"双师结构"中,由于专任教师的岗位工作属性,其无疑是教学队伍的核心和重点。金融管理与实务专业在专任教师培养方面,主要侧重于教师的实践能力培养与训练。在教师结构上,增加了具有企业工作经历的教师比例。金融管理与实务专业在每一年都会根据教学工作情况,安排专任教师到企业进行实习和挂职锻炼,让专任教师在实际工作中,积累经验,强化专业教学的针对性,提高专业课程和实践课程教学能力。加强对"双师型"教师的培养和考核力度,要求所有的专业课程教师,必须要持有一门行业资格证书,或者在企业有两年以上的工作经历。加强对教师教育教学能力和科学研究能力的考核力度,要求教师深入研究职业教育教学规律,深化基于工作过程的系统化项目课程改革,注重对学生职业能力的培养和教育。加强教师科研能力考核与评价的机制建设,要求教师在科研过程中,要和企业业务发展实际工作有机地联系在一起,能够切实地帮助金融企业解决业务发展过程中的实际问题,通过科学研究,一方面要将科学研究成果转化为实际教学内容,提高教育教学能力,另一方面,要为企业提供技术支撑和科研服务,强化校企合作,建立校企合作的长效机制。通过一支高素质的专任教师队伍为高水平的"双师结构"教学队伍提供基础和保障作用。

二、国家级教学团队建设的实践与成效

(一)专业人才培养模式改革成效凸显

金融管理与实务专业核心课程教学团队,以就业为导向、以银行等金融机构"订单式"人才培养为载体,以"优质金融银领人才"为培养目标,通过聘请银行业务骨干人员参与专业课程教学与实践指导等途径与金融行业深度融合,面向商业银行和农村金融部门一线个人储蓄、现金出纳、会计结算、银行卡、客户经理等岗位培养熟练操作、熟悉产品、熟悉营销的高素质金融人才。教学中,坚持以订单式人才培养为核心来推进和深化校企合作,形成金融企业全程参与、校企深度融合的人才培养系统。校企合作既体现在签订订单协议、共同确定人才培养方案上,又体现在课程开发、"双师"结构教学团队建设、校内外实习实训基地建设、顶岗实习安排和教学管理上。熟练操作、熟知产品、熟悉营销的基层复合型的人才培养定位,使专业人才培养更加符合用人单位的实际需求,学生培养质量不断提高,毕业生获取反假货币上岗资格证书、外汇从业人员资格证书、银行业从业人员资格证书等岗位证书获取率达到96%,学生的社会认可程度不断提高。

金融管理与实务专业以订单式人才培养为核心的校企合作育人机制贯穿于人才培养的全过程,渗透到人才培养的各个要素环节,实现学生向职业人的顺利过渡。在专业教学改革的实践过程中,形成了具有"赶集效应"的"银领模式",以就业为导向、以订单为载体的金融"银领"人才培养机制建设获第六届浙江省高等教育教学成果奖一等奖、第六届高等教育国家级教学成果二等奖。金融"银领"人才培养机制多次在全国示范性高职院校建设会议上作为典型案例进行剖析。

(二)专业核心课程建设硕果累累

金融管理与实务专业核心课程教学团队提出了"以职业能力为导向,以工作任务为核心,以项目为主体"高职课程模式。实施了基于商业银行业务操作流程的系统化项目课程教学改革,在课程教学上形成了新理念。其主要的指导思想是:打破学科体系的构建模式,建立以工作任务为核心辐射知识传授与能力培养的课程内容体系改革原则。它包括:以任务为核心构建培养目标,以此搭建相关知识体系模块;选择理论与实践教学方法;使用学做相间、教学互动的教学方法;采取考、评、鉴结合的测量手段,达到应用能力培养的目的。在项目课程教学改革实施过程中,金融专业以国家精品课程为先导、以省级精品课程、优质核心课程为主体,认真探索研究项目课程教学改革理论与实践,以专业人才培养目标为指引,以专业人才培养方案为核心,设计开发了所有专业核心课程的课程教学大纲,并在此基础上,设计了课程项目活动载体的具体内容与操作方式,通过学习领域的划分,以学习情境、子学习情境为对象,以工作任务为导向,以活动载体为核心内容编写了系列基于商业银行业务操作流程的项目课程教材。

在教学实施过程中创新体现工学结合内涵的教学内容安排,教学运行环节实现了新突破。将过去前五个学期集中在校内进行知识技能的传授、第六学期进行行业企业毕业实习的教学运行模式变革为间断式的工学结合教学运行模式。专业教学中,在第三学期安排学生对金融机构、金融业务进行了解、接触,完成学生对专业的认知实习;第四学期暑假、第五学期寒假期间,以统一安排与自行联系相结合的方式,安排学生进入金融企业、非金融企业财务资金部门进行岗位接触与业务操作,完成专业实习;第六学期依据金融行业订单班与学生就业意向,安排学生进入银行一线个人储蓄、现金出纳、会计结算、银行卡、客户经理等岗位进行顶岗实习,实现"工学结合"。在学期教学过程中根据每一门专业课程的不同教学内容安排,将适合于在金融企业进行的教学内容,采取集中与分散相结合的方式安排在金融企业或校内全真型实训室内完成,同时让学生利用假期进入相关单位部门进行专业课程对应的业务岗位操作练习,实现专业课程教学的"工学结合"。在教学中实施项目课程教学,使专业教学内容和商业银行工作内容完全对接,突出了对学生职业能力的培养。创新性教学模式的实施,丰富了学生的实践经验,实现了毕业与上岗的零过渡。在课程建设成果上形成了国家级精品课程、省级精品课程、院级优质核心课程三级课程建设体系。

(三)师资队伍教学与科研能力显著提升

金融管理与实务专业核心课程教学团队在原有专业教学团队基础上,从以校内专任教师为主,发展到校内校外专兼结合,充分体现开放办学共同育人的指导方针。经过多年的建设,通过内部培养、外部培训、广泛参与各类社会活动、参与行业服务,已经形成了一支老中青相结合、学历结构高、年轻化和梯队合理的教师队伍。

教学团队在服务社会方面从原先单一的行业实习、行业员工业务培训等社会服务功能拓展到横向课题研究、行业职业资格认证考核等项内容,社会服务领域与服务层次不断提升。专业教师利用自身的专业优势,承担浙江省政府金融工作办公室、浙江省银行业协会、浙江省金融教育基金会、浙江省农村信用联社、浙商银行、湖州商业银行、金华商业银行等各类委托研究课题10多项,主动为行业、企业和政府机构提供科研服务;派出了年轻骨干教师参与银行业协会工作,到中国建设银行、杭州联合银行、浙商银行等金融机构挂职锻炼,将业务学习与行业服务有机结合;全程参与中国银行业从业人员资格考试的考试大纲与教材的编写工作,承担了浙江省金融机构从业人员反假货币上岗资格证书的培训与认证考核工作,是杭州地区银行业从业人员资格考试、外汇从业人员资格考试的考点之一;为浙江省邮政储蓄银行、浙江省农村信用联社业务人员提供业务培训。

金融管理与实务专业核心课程教学团队依托国家示范性院校建设,积极对口支援高职院校相同专业建设工作,在专业人才培养方案制订、课程体系建设、实验室建设等方面提供业务指导,指导专业骨干教师进行教学改革。金融管理与实务专业为国家教育部金融专业教学资源库建设牵头单位,金融管理与实务专业核心课程教学团队承担了其中六门主要课程的建设工作,为全国财经类高职院校金融专业建设提供建设范式,在专业建设方面起到了很好的示范、辐射与引领效应。

我国高等职业教育经过近年来的快速发展,在人才培养和专业建设方面取得了显著成绩。高职院校专业改革与建设,离不开团队建设。教学团队建设,是人才培养工作和各项建设工作的关键要素。一支高水平的专业教学团队,可以有效地提高专业教学水平,提高教师教育教学能力,实现教育教学资源共享。在教学团队建设上,专业带头人和团队建设的关键,专任教师是团队建设的主体。在团队的组成上,如果仅仅拥有一名综合素质较强的团队带头人,一支具有较高水平的专任教师队伍还是远远不够的,必须要通过制度建设,吸收行业、企业的领导和业务骨干参与到教学中来,组成一支高水平的"双师结构"教学团队,才能切实提高专业教学团队的教育教学水平和人才培养质量。通过高水平的教学团队,进行专业建设与课程建设。

(执笔人:郭福春)

第十八章 "双元双优"专业教学团队建设的研究与实践

——以浙江金融职业学院国际贸易实务专业为例

《教育部关于全面提高高等职业教育教学质量的若干意见》（教高〔2006〕16 号）明确指出，高职院校应注重教师队伍的"双师"结构，改革人事分配和管理制度，加强专兼结合的专业教学团队建设。浙江金融职业学院国际贸易实务专业从 2006 年开始，进行了"双元双优"专业教学团队建设模式探索与实践，取得了较好的效果，探索了一条行之有效的高职院校经济管理类专业"双师"结构教师队伍建设路径。

一、"双元双优"专业教学团队建设模式的内涵与特征

(一)内涵

"双元双优"专业教学团队建设模式是指，校内专任教师通过培养成为优秀的教师职业人；从大量外贸从业人员中遴选出优秀外贸职业人队伍（行业兼职教师），两者共同参与人才培养全过程，将学生培养成为合格的外贸职业人。

(二)特征

1.团队"双元双优"。"双元"是指专业教学团队"双师"结构，"双优"是指优秀教师职业人和优秀外贸职业人。优秀教师职业人的特征主要体现校内专任教师要掌握先进的职教理念，拥有较高的职教能力；熟悉外贸业务操作，具有较强的业务操作能力，具备这两种能力的校内专任教师得以构成优秀教师职业人队伍。优秀外贸职业人的特征主要体现在校外兼职教师要深谙外贸业务操作要求，具有丰富的从业经验，拥有丰富的行业资源；同时，具有与学校共同努力为外贸行业培养合格人才的意愿，具备这种主客观条件的校外兼职教师得以构成优秀外贸职业人队伍。

2.运行"全程双轨"。"双元双优"专业教学团队相互配合、共同参与人才培养全过程：在人才培养准备阶段，共同开发岗位职业标准、专业教学标准和课程标准；在人才培养实施阶段，共同编写项目教材、共同备课、共同授课、共同命题、共同指导工学交替、顶岗实习，把学生培养成合格职业人。

二、实施"双元双优"专业教学团队建设模式面临的主要问题

高职院校实施"双元双优"专业教学团队建设模式时,将会面临以下主要问题:

(一)校内专任教师不懂职教理论,无法准确驾驭高职专业课程教学

目前大部分经济管理类专业教师都不是师范类专业科班出身,成为教师前都只学了高等教育基本理论的皮毛,对于职教理论知之甚少,不了解职教规律和原理,从而很难准确实施高职专业课程的建设和教学。

(二)校内专任教师顶岗实践难,很难成为"双师型"教师

校内专业教师绝大多数都是从校门到校门,缺乏实践经验。尽管各校强调培养教师的双师素质,但由于教学任务重、下企业难等客观原因,使得专业教师下企业锻炼机会和时间较少,无法使大量专业教师真正成为"双师型"教师。

(三)行业兼职教师数量不足和质量不高,不能满足"双师"结构专业教学团队建设要求

目前许多高职院校的专业教学团队以校内专任教师为主,行业兼职教师为辅。在数量上,行业兼职教师与校内专任教师的比例达不到1∶1;在质量上,许多行业兼职教师的业务水平和教学能力达不到培养职业人才的要求。

(四)行业兼职教师参与人才培养的广度和深度不够,不能满足职业人才培养要求

目前有些高职院校聘请的行业兼职教师,往往都只是做一两个讲座或上一两次课,流于形式,参与人才培养的广度和深度不够,无法胜任职业人才培养职责。

(五)学校相关的人事分配和教学管理制度不配套,导致"双师"结构专业教学团队建设缺乏机制保障

由于行业兼职教师一般都没有教学经验,且在时间和精力上要保证本单位工作的前提下,参与学校的人才培养。如果学校没有配套合理的人事分配和教学管理制度,很难建设和运行"双师"结构专业教学团队。

三、"双元双优"专业教学团队建设模式的改革与实践

浙江金融职业学院国际贸易实务专业结合全国示范性高职院校重点建设项目,从2006年开始,进行了"双元双优"专业教学团队建设模式探索与实践,有效地解决了前述提到的问题,取得了较好的"双师"结构专业教学团队建设效果。

（一）构建措施

国际贸易实务专业构建"双元双优"专业教学团队，通过培养机制与遴选机制分别打造两支优秀职业人队伍。

1.培养校内专任教师。校内专任教师，通过学习先进职教理念，掌握先进职教方法，组织参加职教能力测评的方式提升其职教能力；通过定期或不定期到外贸企业挂职锻炼，提高其业务操作能力；受客观因素制约无法大面积推广挂职锻炼时，通过专任教师与行业专家一对一、紧密的"朋友式"结对，使业务专家对专任教师业务能力的指导打破时间与空间的诸多限制，更具灵活性与针对性。

2.遴选行业兼职教师。行业兼职教师，产生于专业用心建立的外贸职业人才库。国际贸易实务专业通过行业协会、学会及主管部门牵线搭桥，广泛深入外贸行业，利用专业指导委员会、校外实训基地等平台逐渐积累外贸职业人才库的储备人才，从中遴选构建优秀外贸职业人队伍（行业兼职教师）。遴选原则从队伍整体来讲，要求数量稳定、结构合理，覆盖外贸行业相关岗位；从专家个体来讲，要求从业经验丰富、行业资源丰富，主观上愿意参与人才培养过程。

（二）运行机制

在人才培养准备阶段，"双元双优"专业教学团队共同开发外贸职业岗位标准、专业教学标准和课程标准。人才培养阶段包括准职业人培养和合格职业人培养两个阶段，在准职业人培养阶段，"双元双优"专业教学团队开展共同编写项目教材、共同备课、共同授课、共同命题等系列项目教学活动，把学生培养成准职业人；在合格职业人培养阶段，"双元双优"专业教学团队共同指导学生工学交替、顶岗实习等实战训练，使学生实现从准职业人向合格外贸职业人蜕变。

1.人才培养准备阶段：标准开发。在该阶段所进行的职业岗位标准、专业教学标准和课程标准开发为人才培养运行确定依据。

（1）开发职业岗位标准。由于国际贸易实务专业人才培养定位的外贸单证员、外贸跟单员和外贸业务员三个岗位，在我国尚无对应的职业岗位标准，因此聘请一批对应岗位专家的行业兼职教师，组建职业岗位标准开发专家委员会，对这三个岗位进行工作过程和工作任务分析，分析出须具备的职业素质、职业能力和专业知识，确立这三个外贸岗位的职业岗位标准。职业岗位标准的开发，为专业建设解决了培养什么规格的人的问题，即人才培养规格。

（2）开发专业教学标准。"双元双优"专业教学团队在开发的这三个职业岗位标准基础上，按照以下思路共同开发专业教学标准（人才培养方案）：①对人才培养的关键环节进行科学化、标准性规定，对整个教学过程进行标准化设计；②用职业岗位定位人才培养目标，并考虑学生就业后的可持续发展，课程设置要具有一定的前瞻性，能适应行业未来发展的趋势；③主要用岗位职业能力来描述人才规格，重点关注学生能做什么；④融合学历证书与岗位职业证书，把职业考证的职业素质、职业能力和专业知识要求融合到各专业课程，结合职业考证时间安排职业考证课程。其内容包括专业名称、入学要求、学习年限、人才培养目标、人才培养规格、职业范围、任务与职业能力分析、专业实训课程表、课程结构、教学进程表、专业教师任职资格和实训装备等 12 项标准化内容。

（3）开发专业课程标准。"双元双优"专业教学团队根据人才培养定位，重构了基于工作过程的《外贸单证操作》《出口业务操作》《出口跟单操作》等 9 门专业核心课程体系，开发了突出岗位职业能力培养的这 9 门专业核心课程的课程标准。每门课程的课程标准对课程性质、课程目标、课程内容和要求等内容做出了原则性的规定，同时还对课程设计思路和实施建议进行了说明，使课程教学与改革有章可依。为了更好地实施课程标准，使课程标准的执行更加具体，这 9 门专业核心课程都根据外贸企业真实业务案例开发了项目活动载体，展现了项目课程改革思路，提高了课程标准的可操作性。

2. 准职业人培养阶段：项目教学。在该阶段，"双元双优"专业教学团队共同参与 9 门专业核心课程的教材编写、备课、授课、命题等项目教学全过程，实现学生到准职业人的转变。

（1）共同编写立体化教材。"双元双优"专业教学团队通过共同研究、分析，确定有代表性的行业、产品、业务种类，并以该行业大型综合真实业务案例为蓝本，根据课程标准的要求，设计项目活动载体，确定工作项目，设计学习情境，共同编写基于工作过程的项目教材，并以项目教材的编写为契机，完成项目活动载体、实习实训项目等教学资料的积累与收集工作，为教师施教提供支持；同时，建设课程网页提供电子课件、实习实训项目、习题集、案例集、试题库等材料搭建立体化学习平台，为学生提供多维学习空间。

（2）共同备课。"双元双优"专业教学团队在授课前，根据课程标准设定的各项目的能力点与知识点要求、行业发展新变化、业务政策新调整和业务操作新方式，确定项目活动载体，使之融入行业发展新要素，符合业务发展新要求；在此基础上，根据授课对象、授课场所的不同特点将项目活动载体覆盖的能力目标与知识目标外化为具体、明确的工作项目，配之适当的教学组织形式，保证教学能力目标与知识目标的实现。"双元双优"专业教学团队在共同备课过程中，各取所长，优势互补，将授课内容准备与课堂组织形式设计都提高到更高的水平。

（3）共同授课。"双元双优"专业教学团队在课堂授课环节，分工合作，相互配合，其中行业兼职教师侧重实践教学和实训指导。"双元双优"专业教学团队通过基于工作过程的项目课程教学，以专业核心课程的项目活动设计为载体，突出学生在课堂教学中的主体地位，强调学生职业能力培养，融入职业素质提升，共同打造任务驱动、项目导向、教学做一体、教学场所与实训场所一体化的教学模式。在每一个学习情境的项目教学过程中，首先将根据业务案例设计的项目活动任务布置给学生，指导学生完成工作任务，发现学生操作过程中的问题，及时总结。在教师进行操作示范的过程中，不仅将该工作任务覆盖的职业能力与专业知识进行讲解与示范，并且还需要将学生独立进行的工作任务完成过程加以分析，使学生在掌握共性的职业能力与专业知识的基础上，有个性化的收益，包括职业能力的提高，也包括职业素质的提升。

（4）共同命题。"双元双优"专业教学团队在完成共同授课后，由校内专任教师根据行业兼职教师提供的真实业务案例，结合课程考核要求，设计考核案例，按照实际业务的表现形式来确定考核形式、分配考核点，形成考核试卷初稿，交由行业兼职教师进行业务把关，对业务案例描述、考核任务设计、考核评价指标进行审核，提出修改意见，由校内专任教师进行修订，由双方共同填写"共同命题记录表"，双方共同完成共同命题任务。通过共同命题，使课程考核内容与考核形式与实际业务相吻合,使考核结果与岗位要求相吻合。

3.合格职业人培养阶段:实战训练。"双元双优"专业教学团队通过共同指导学生工学交替、顶岗实习等实战训练,完成学生自准职业人到合格职业人的飞跃。

(1)工学交替。"双元双优"专业教学团队在专业核心课程的合作过程中,除在课堂教学的教学资料准备、备课、授课、命题环节的合作外,还将部分适合进行实战操作的项目的授课由校内实训室转移到校外实训基地的真实职业环境中,实行工学交替,行业兼职教师充分发挥其社会资源、业务优势对学生工学交替进行指导,通过实战操作检验课堂教学效果,检验学生职业能力与专业知识的掌握水平与应用水平。

(2)顶岗实习。国际贸易实务专业学生在"双元双优"专业教学团队的指导下,学习掌握了国际贸易实务专业9门专业核心课程设定的能力目标与知识目标,掌握了外贸单证员、跟单员、业务员三个岗位业务操作所需要的各项能力,获得了对应的职业资格证书,到相关外贸企业对应岗位进行顶岗实习,即"持证上岗"。学生通过至少半年的顶岗实习,提升了职业能力,养成了良好的职业素质,积累了外贸工作经验,转变成了合格职业人,实现顺利就业和优质就业。

(三)运行保障

为使"双元双优"专业教学团队建设模式顺利实施,我们制订了如下运行制度:

1."双元双优"专业教学团队构建方面。为了建立一支"双元双优"专业教学团队,强化校内专任教师业务操作水平的提高和行业兼职教师教学基本功的提升,制定了《行业兼职教师遴选、聘用和管理办法》《关于加强双师型教师队伍建设的若干意见》《关于鼓励教师参加挂职锻炼的有关规定》《关于校内专任教师与行业兼职教师"朋友式"结对的若干意见》等规章制度。

2."双元双优"专业教学团队运行方面。为了适应项目教学改革,保证课程建设质量,加强教学过程管理,制定了《校内专任教师担任行业兼职教师助教制》《行业兼职教师工作手册》《共同备课实施细则》《共同授课实施细则》《共同命题实施细则》等规章制度。

(四)运行绩效

国际贸易实务专业"双元双优"专业教学团队建设模式通过近6年的实践,取得良好成效:

(1)该模式入选全国示范性高职院校建设2周年经典案例师资队伍案例之首。

(2)培养了5名专业带头人,其中专业带头人入选省高职高专专业带头人培养工程,并被中国国际贸易学会聘为全国外贸跟单员和外贸业务员培训认证考试专家委员会委员,主编了3本全国考证教材,参与制定了外贸考证标准。

(3)14名校内专任教师均通过职教能力测评,均获得外贸职业考证培训师资格,其中8名还获得澳大利亚TAA培训师证书,培养了9名骨干教师、4名双师素质教师。

(4)共聘用了外贸业务能力强、行业资源丰富、热心教育事业的40名行业兼职教师,覆盖各类外贸相关企业和各种外贸岗位,行业兼职教师与校内专任教师比例超过1:1。

(5)2009—2011届毕业生取得了95%以上高就业率的优异人才培养绩效,人才培养质量有了大幅提升。

四、实施"双元双优"专业教学团队建设模式的建议

结合浙江金融职业学院国际贸易实务专业"双元双优"专业教学团队建设模式研究和探索,笔者提出实施该模式的以下两点建议:

(一)学校层面

拟订人事分配和教学管理制度,保障团队建设有序运行。(1)在思想观念和行动上,都要重视"双师"结构专业教学团队建设;(2)在人事分配上,要明确行业兼职教师的报酬,对行业兼职教师结对的校内专任教师要有相应的奖惩制度,对参加顶岗实践的校内专任教师要有相应的激励措施;(3)在教学管理上,要制定行业兼职教师管理办法,规范对其管理和运行,如考虑到行业兼职教师有时不能在正常工作日来授课,允许其调到周末或晚上上课。

(二)系部和专业层面

拟订团队运行的实施细则,有效构建和运行团队:(1)根据学院团队建设相关制度,结合系部和专业特点,拟订团队构建和运行操作层面的实施细则;(2)制订校内专任教师的职教能力和业务能力培养计划,有计划实施,培养双师素质;(3)通过各种渠道构建行业兼职教师库,按照一定标准的遴选优秀职业人,然后按照他们的优点和特点,分别参与到标准开发、教材编写、课程教学、实习指导等人才培养的不同环节,做到材尽其用,并且做到人才培养全过程都有行业兼职教师参与。

(执笔人:章安平)

第十九章 中外合作专业的"三元合一"师资团队建设

——基于浙江金融职业学院中澳金融理财项目的创新实践

高等职业教育国际化是 21 世纪的发展趋势,开办中外合作办学项目,是教育资源在全球范围内优化配置的重要形式。影响中外合作教育项目成效的因素很多,其中师资队伍直接决定了合作项目的状况。作为高等院校教育资源中最核心而有价值的资本,师资是关系到中外合作教育项目的质量乃至成败之关键要素。浙江金融职业学院中澳合作金融理财项目(FINANCIAL SERVICES)以投资理财专业人才培养"三五三模式"为依托,引进国际优质教育资源,建设一支融合了本校专业教师、外籍教师、行业骨干教师在内的"三元合一"的高素质双师结构队伍,保证了合作项目的成功运行。

一、"三元合一"师资依托:金融理财人才培养"三五三模式"

基于高职教育的基本定位,该合作项目以经济社会所需要的投资与理财应用型人才为培养目标,充分吸收市场与行业对相关工作岗位人才要求的建议,形成就业导向型的专业人才培养"三五三模式"。其专业课程体系设置以实训化为特色,并将相关职业资格证书所要求的知识、技能融入具体课程。利用校内仿真化实训演习、校外专业实习与顶岗实习等方式,在工学结合与订单培养开放性的人才培养过程中实现毕业与上岗零过渡。同时,依托中澳合作办学引进国外优质教育资源,提升学生适应国际化竞争的能力。

（一）人才培养方案体现了"三性"：系统性、职业性、实践性

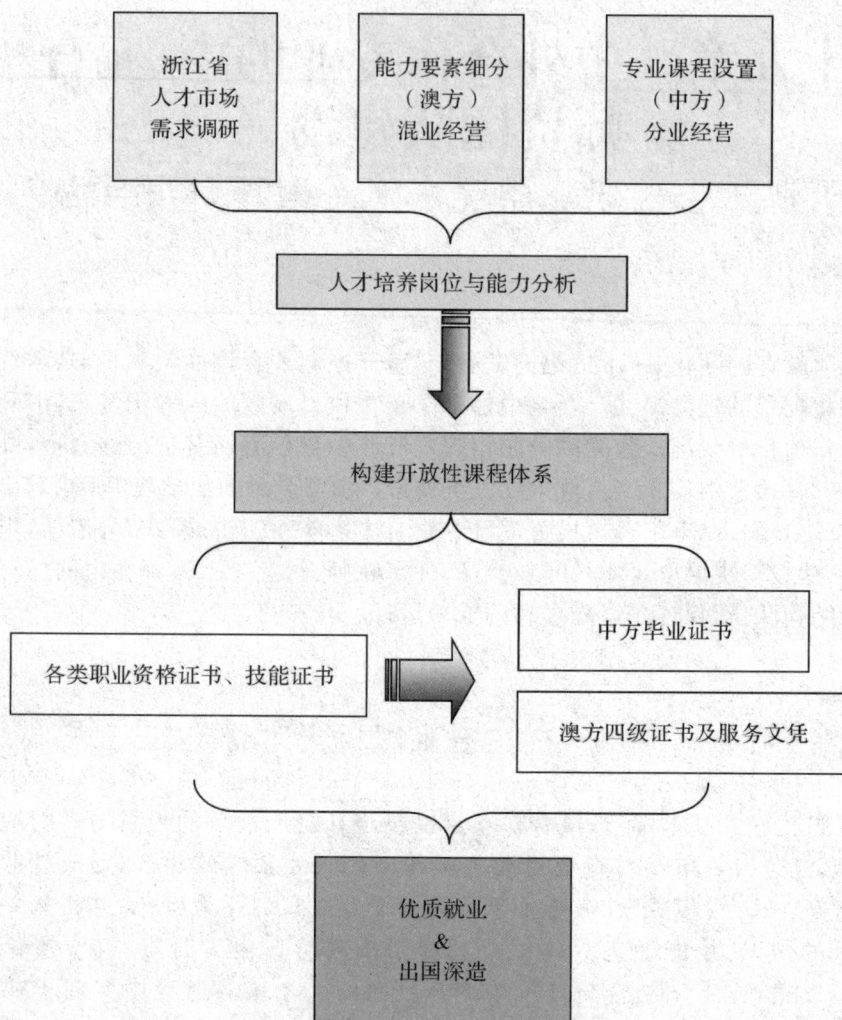

```
┌──────────┐  ┌──────────┐  ┌──────────┐
│  浙江省   │  │能力要素细分│  │专业课程设置│
│ 人才市场  │  │  （澳方）  │  │  （中方）  │
│ 需求调研  │  │ 混业经营  │  │ 分业经营  │
└──────────┘  └──────────┘  └──────────┘
        │            │            │
        └────────────┴────────────┘
                  │
        ┌──────────────────────┐
        │  人才培养岗位与能力分析  │
        └──────────────────────┘
                  ↓
        ┌──────────────────────┐
        │    构建开放性课程体系    │
        └──────────────────────┘
           │                 │
┌──────────────────────┐   ┌──────────────┐
│ 各类职业资格证书、技能证书 │→ │  中方毕业证书  │
└──────────────────────┘   └──────────────┘
           │              ┌──────────────────┐
           │              │ 澳方四级证书及服务文凭 │
           │              └──────────────────┘
        ┌──────────────┐
        │   优质就业     │
        │     &        │
        │   出国深造     │
        └──────────────┘
```

（二）学生专业素养的"五环节"全过程渗透

为提升学生的金融理财专业素养，该项目基于多年的人才培养实践，提炼出了"五环节"过程渗透模式，从各层次和阶段实现全方位渗透。

始业教育

投资与理财专业中澳合作项目在学生进入大学之初的始业教育时，即引入理财知识和能力的普及教育，让学生受到专业文化氛围的熏陶。

课堂教学

在课堂教学中通过项目化和案例教学的模式，引导学生进行自主学习，并在实训环节中得到较多的理财能力训练，提高对专业的认识和知识的运用水平。

工学交替

通过工学交替，让学生了解银行、证券公司、期货公司、保险公司等金融机构的一线业务，开拓理财眼界，增加感性认识，锻炼学生的沟通交流和动手能力。

理财活动

在第一课堂之外，通过开展理财知识竞赛、理财规划大赛、模拟投资大赛、理财进社区服务、理财值班经理等一系列理财活动，以第二课堂的形式在本专业，甚至全院塑造理财氛围，提高学生专业能力。

毕业设计

在专业学生即将踏出校门的最后毕业设计环节，通过理财方案设计的部分，强化学生对于所学知识的最终掌握情况，确保其能够融会贯通各种理财知识，理财素质和能力达到专业培养目标的要求。

（三）学生职业能力成长过程的"三台阶"进程

如上图所示，金院学子、系部学友、行业学徒构成了学生成长的三个台阶。一年级学生在"三维文化"育人校园环境中，以明理学院的人文素养目标为指引，实现学生从应试教育学习习惯向高等职业教育范式的转型。二年级学生在金融专业群的浓厚专业氛围中，通过一系列依托课程教学、泛第二课堂演练、工学交替活动等，夯实金融理财专业知识与职业技能基础。三年级学生在订单培养、银领学院综合平台、顶岗实习真实化磨砺中，实现从学生到准职业人——金融行业学徒的转型。

二、构建"三元合一"的高素质双师结构队伍

教师队伍作为中外合作教育中至关重要的要素禀赋，其对合作项目成败的影响力可以从两个层面进行评判。其一，静态基础与基本职责，即教育主管部门对师资队伍是否符合中外合作办学的要求所设置的评估指标，包括整体学历结构、教学经验、实践经验等。同时要考虑，外方合作者是否从本教育机构中选派一定数量的教师到合作机构中任教，是否在优质教育资源引进中发挥了作用等。其二，动态活动与资源整合功能，笔者认为，可以从优质教育资源的引进、消化后的吸收与创新运用中，得到基本判断。

（一）三方师资的静态优势比较

中澳合作金融理财项目由中方教师、澳方教师、本土行业教师共同构成一支"三元合一"

的双师结构教师团队。本项目的师资队伍是一个高学历、高素质、教学经验丰富、结构合理并富有发展后劲的双师型团队。

中方专业课教师是"三元合一"队伍的中坚力量,承担了大部分教书育人的日常基础工作。10 名中方专业课教师(6 人上专业合作课程、4 人上非合作专业课程)中,有浙江省高校教学名师 1 人、省高职(高专)专业带头人 1 名、省新世纪 151 人才 3 名、优秀教师与教坛新秀 4 名,优秀党员 2 名,获浙江省优秀青年教师资助教师 2 名。国内专职教师 9 人有博士与硕士学位,占 90%;教授与副教授 5 人,占 50%;双师素质教师 10 人,占 100%。3 人持澳大利亚 TAA 教师资格证书,4 人持有澳方认可的其他培训证书。中方教师的平均年龄 36.3岁,其中 40—44 岁 3 人,35—39 岁 3 人,30—34 岁 4 人。

澳方教师由合作院校西澳洲中央 TAFE 学院从其教师中选派,是既有丰富从业经历,又有高等职业教育资质的高素质双师。外方教师承担了中澳合作课程 1/3 的教学课程及内容,教学效果良好。澳大利亚职业院校的专业教师绝大多数来自于行业或企业,具有 5 年以上的实践经验与 TAA 证书(Training and Assessment IV),澳方教师定期或不定期地回企业培训,或参加原企业的一些工作。随着职业院校地位的提高和重要性的进一步体现,加之学院规模的不断扩大,许多企业的技师、能工巧匠主动要求加入职业教育培训行列,师资力量不断加强。TAA 证书是教师资格培训及评估 IV 级证书,一旦获得了 TAA 证书,授课讲师具有一定的权限,在考核(assessment)方式、授课计划(lesson plan)等各方面有自主决定权。

十多名行业兼职教师,是投资与理财专业自 2000 年招收高职学生以来数年的积累,他们不仅具有丰富的从业经验,而且热心于人才培养。行业兼职教师为学生开设各类讲座、业务实训实践课程,实现课堂与实践零距离。在学生进入专业实习、顶岗实习阶段,行业教师承担现场实践指导及实习质量监控的职责。

(二)基于三方教师比较优势的融合

中澳合作项目是三重优质资源的选择性组合应用,即浙金院(以浙江银行学校为基础积淀)的国内银行业教学资源积累、澳大利亚 TAFE 标准的职教元素组合与考核、国际金融业发展现实(以美国金融业为代表)及理念案例引导,形成了本合作项目的优势资源组合。中方、澳方、行业三元师资在教学协同开展中实现了优势互补的动态融和。

首先,外方教师是把澳大利亚 TAFE 教育标准及其人才培养过程的质量考核制度引入中国,使本土的学生与专业教师未出国门而接受国际化职业教育服务的先导方。澳方教师的教学行为昭示,课程即提供给学生的能在不同学习场合获得一般技能与知识的学习经验的总和。在教学计划上,合作项目把国内培养方案与澳大利亚 TAFE 标准有机结合。鉴于澳大利亚政府每 3 年对专业及课程标准进行一次修订,合作项目加强了跟踪型课题研究,使国内教学始终紧跟国际化标准的变化。在调整教学计划设计后,项目组报经学院教学工作委员会审批通过,将原有教学进程表(静态的)修改为教学运行表(动态化),从而使合作项目的专业课程教学运行实现了有序调控下的与时俱进改革。在教学大纲方面,课程体系的开发与教学内容的改革依据技术领域和职业岗位(群)的任职要求,参照相关的职业资格标准,使之符合高技能人才培养目标。大纲编写规范、科学、合理,引进了澳大利亚金融理财项目的一系列教材,同时在实际授课中,根据中国实际情况进行了本土化改革编写,形成符合中澳双方教学要求的讲义资料,并将合作课程融入专业学生的"工学交替",体现课程"工学结合"的要求。外方教师在教学中,特别强调与学生的一对一交流,对团队里的中方教师进行不定期的课程整合辅导,对合作项目的课程教学质量严把现场审计关,由此而将 TAFE 教育的核心理念、基本行为规范、过程与结果并重的教学要求,一丝不苟地移植到中国。

其二,中方专业教师是学习引进澳大利亚 TAFE 教育优质资源并将之本土化再造的核心力量,也是随着合作项目运行的深入而日益发挥权重作用的主导力量。在教学方式上,中澳合作项目充分运行学院资源,例如金苑华尔街、浙商理财学院、金融素质养成基地、中澳世界系列活动等,以多样化的教学方式创新提高合作课程教学质量。以 BSBFLM412A 课程"Promote team effectiveness"为例,这是一门提高团队效率的课程,为使该课程授课符合澳方要求并让学生更深切体会到课程的精髓,任课教师开展了实地的团队活动,包括孤岛求生、硫酸池、毕业墙等项目,同学们在积极参与中深刻体会到了团队合作的精神。又如 FNSICIND401A 课程"Apply principles of professional practice to work in the financial services industry",授课教师在不同的法律背景、金融背景(澳洲金融行业是混业经营,中国则是分业经营)以及语言背景下,运用生动的案例,将三方面的不同融合于一个课程教学体系中,通过让学生写创业计划书、调研报告、设计留学规划等各类报告和作业,使得学生能结合中国本土实际将所学的知识实践出来。中方教师通过教学方式的创新,有效设计"教、学、做"于一体的情境教学方法,强化职业能力、创新能力和就业能力。与此同时,建立了从教与学两方面推动教学质量持续改进的机制,每一个学期均会按照 TAFE 要求对每门课程进行学生的 Feedback 问卷调查,又通过集体备课、相互听课等形式不断激发教师开展创造性教学的潜能,取得良好效果。

中澳合作金融理财项目向深度合作推进

11 月 7 日上午,中澳合作金融理财项目迎来了西澳洲中央 TAFE 学院的现场年度审计与合作深化洽谈,双方沟通会在金融系 8218 会议室举行。西澳洲中央 TAFE 学院的代表 Jason Wang、Stella Bu,我院中澳合作金融理财项目组王静教授、汪卫芳副教授、中澳班班主任杨树林和陆妙燕老师以及部分授课教师参加了会议。

根据澳大利亚职业教育体系要求,Jason 等对上一学期所有中澳合作课程的授课情况进行了审计。主要内容包括对所有合作课程的 DSAP(授课计划)、所有考核的过程性资料和考核方式、考核标准都进行了取证解读,并对任课教师进行现场答辩式交流。Jason 对中方教师的课程总体情况表示非常满意,给予了高度评价,因为中方教师不仅达到了澳方的授课要求,而且在教学内容选择、考核方式与授课方式创新等方面,进行了恰到好处的本土化。

之后,双方就中澳合作金融理财项目的进一步深化进行了具体的探讨。TAFE 学院金融和财产服务部主管 Maree 女士、学院外事办相关教师参加了会议。基于我院在合作项目的本土化创新运行上所做出的卓有成效的努力,澳方表示愿意提供一系列的外资银行的具体各个岗位的标准化知识和技能培训,为合作项目学生进入外资银行以及外资入注的国内银行就业提供优势。这些举措必将对合作项目双方的深度合作与国际化推进产生积极而重要的意义。

——摘自浙江金融职业学院网·系部动态 2008 年 11 月 10 日

其三,行业兼职教师的主要作用在于,把中国本土金融投资类机构业务经营的鲜活信息与专业技能带进了大学课堂。无须讳言,行业真实信息与经验积累是国内高校教师队伍的"短板",近年来伴随着高职院校快速发展而入行的青年教师,其双师素质还有待于进一步提高。行业兼职教师融入"三元合一"的队伍,极大地弥补了学校专业教师在实践经验及行业体验型知识方面的不足。

三、构建三方力量整合的创新平台

与金融领域的从业人员相比,在金融职业教育领域从事知识与技能传递的教师,其效用函数里非货币收入所提供的满足感应该比较高。教学和科研本身是大学教师的利益所在,衡量这种利益大小的重要尺度是教书育人和专业研究过程中的自由度大小,以及在人才培养过程中创造性劳动所带来的成就感。将三方力量有机融合在一起的内在凝聚力,就是基于共同的专业人才培养目标而开展教学工作的创新实践。

(一)导师制:充满人文关怀的师生交流良性循环机制

《联合国教科文组织关于技术和职业教育的建议书(2005 年)》第 8 条指出:"技术和职业教育应有利于个性和性格的和谐发展,培养人的思想和价值观,培养理解、判断和分析事物及发表意见的能力。"教育是生命间的活动,教育的本质是发展人的潜能,至为重要的是,师生之间要努力形成一种"真实、相互接纳和理解"的心理气氛,这是保证学生自由表达、积极参与的最优环境。正如雅斯贝尔斯所定义的,大学是一个共同体,学者和学生在这里寻找真理。中澳合作金融理财项目在推进师生之间全面而有深度地交流方面,进行了创新实践。

人才培养模式创新 师生零间隙互动

11 月 1 日 19:30,投资与理财专业导师制工作总结与第二批对仪式在诚信讲学堂举行。金融系党总支书记张鹏超副教授、投资与理财教研室全体教师、2007 级投资与理财专业的 152 名学生、2006 级导师制下的优秀学生参加了会议。会议由金融系主任、中澳合作金融理财项目负责人王静教授主持。

首先,2006 级中澳班班主任杨树林老师对导师制施行一周年的工作成果作了生动的总结报告,用真实数据与具体事例,说明了导师们在基础知识学习、实践实训活动、服务社会等方面对学生进行的指导卓有成效。潘旭辉同学代表 2006 级学生发言,对导师制的推行表示衷心感谢,认为在导师制下,自己在专业学习、综合素质提升方面得到了很大的帮助。2007级的郭梦娴同学代表新生发言,表示会珍惜导师制给予的好机会,在导师的带领下取得更大进步。投资与理财教研室副主任黄海沧副教授简要说明了新一轮导师制结对将以导师＋二年级学生＋一年级学生的"1＋X＋Y"模式进行，并宣布了导师与学生的结对名单。

张鹏超书记代表金融系党政领导班子发表讲话。他对导师制在过去一年的工作成绩给予充分肯定，高度评价了教师们在教书育人上的辛勤付出。张书记指出，导师制在遵循教育规律、符合学生成长规律中，探索了师生交流良性循环机制；它把班主任工作的普遍性与导师制的针对性有机结合，体现了以人为本。张书记要求在"1＋X＋Y"模式下实现三方互动，使导师制这一好载体的积极作用得到充分发挥。王静教授总括了导师制针对学生的个性差异，以"梯级推进、全过程关注、全方位培养"而达到因材施教的目的，并表示，作为一名从教 20 年的老教师，将继续保持对教书育人的热忱和激情，带领团队与学生们共同成长。

——摘自浙江金融职业学院网·系部动态 2007 年 11 月 7 日

（二）双重校企合作：杭州银行中澳 1.5＋1.5 订单班

以中外合作办学引进国际优质教育资源，其直接目的是提高学生综合素质与市场竞争力，有利于学生高质量就业，并以此赢得中外合作办学项目的可持续发展力。从本合作项目毕业生的就业情况来看，相对于 2008—2009 的经济金融大环境而言，2006 级毕业生的高就业率赢得了学生与家长的高度满意。用人单位对学生的评价也较高，从顶岗实习成绩来看，85％的学生得到"优秀"和"良好"评价。最终，中澳合作理财项目学生的就业率达到 97.89％（见下表）。

2009 届中澳合作项目毕业就业情况统计表

专业	总毕业生人数	总就业人数	总就业率	签约人数	出国和升学人数	签约率	应聘人数	应聘率
理财	95	93	97.89％	89	4	93.68％	2	2.11％
学院	2244	2157	96.12％	2079	17	93.40％	60	2.67％

数据截至 2009 年 9 月 30 日

尤其可贵的是，在中方教师大力争取与澳方教师积极支持下，理财学生新一轮预就业迎来了冷经济环境下的热行情。2010 届的中澳合作项目毕业生赢得了杭州银行的"国际订单班"，以 1.5＋1.5 的教学模式率先锁定优质就业岗位。杭州银行本身与澳大利亚 Common Wealth 银行有合作（Common Wealth 在 2005 年 4 月，斥资 6.25 亿元人民币入股，占杭州银行 19.9％股权）。杭州银行期望引进优质应用型人才，以在与 Common Wealth 银行合作中取得更大成绩。同时，浙江金融职业学院与澳大利亚西澳洲中央 TAFE 学院也进行了紧密合作，合作项目学生得到中澳双方优质教学资源的支持，在两种不同的教学模式下兼容学习，既保证了与国内就业岗位接轨，又受到更多国外创新、先进元素的熏陶。因此，"国际订单班"利用"双重优质资源"培养人才，体现了"双重校企合作"。

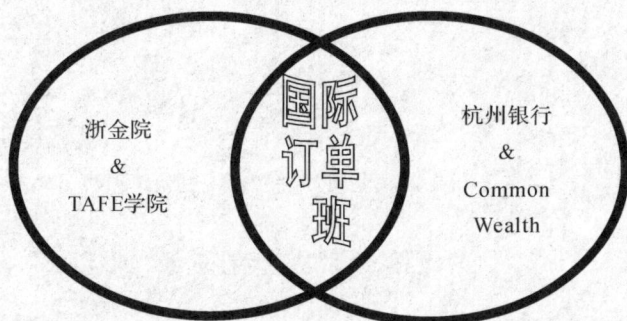

四、结语

中外合作项目所引进的优质教育资源切合浙江的实际需要。在《浙江省高等职业教育中外合作办学五年发展规划(2009—2013年)》中,投资与理财专业是属于重点推荐的金融保险类中外合作办学专业。合作项目的举办,受益是全方位的。学院通过中外合作项目运行,培养了一批具有双语教学能力的专业骨干教师,在TAFE职业教育模式下,将国际标准与中国本土实践相结合,运用澳大利亚先进的职业教育理念、教学手段和方法,强调学生综合素质的培养。从学院"生评教"的结果来看,中澳理财项目"三元合一"的教师团队获得了一致好评,平均得分超过97分。投资与理财专业通过合作办学,已经成为学院提高办学质量的突破口,2009年被评为浙江省特色专业。

(执笔人:王 静)

[参考文献]

[1] 王本陆.现代教学理论:探索与争鸣[M].合肥:安徽教育出版社,2007.

[2] 冯建军.教育的人学视野[M].合肥:安徽教育出版社,2008.

[3] 黄志成.国际教育新思想新理念[M].上海:上海教育出版社,2009.

[4] 科林·马什(Colin J. Marsh).理解课程的关键概念[M].北京:教育科学出版社,2009.

[5] 周建松.大众化与高等职业教育发展[M].杭州:浙江大学出版社,2008.

[6] 王静,等.国际合作与金融高职课程体系开发——基于中澳合作金融理财项目的实践与探索[R].浙江金融职业学院年度重点招标立项课题研究报告,2008.

[7] 邱少明.中国特色高等教育国际化的六条路径[EB/OL].(2013-10-11)[2009-03-19]http://theory. people. com. cn/GB/40537/8987306. html.

[8] 张公善.让大学走出器具化[J].博览群书,2010(4).

第六编　浙江金融职业学院
人才队伍建设制度选编

附录一

浙江金融职业学院
关于贯彻《教师职业发展指引》 实施
"十大计划" 进一步提升师资队伍
水平的若干意见

浙金院〔2014〕44 号

各部门：

为深入贯彻落实《国务院关于加强教师队伍建设的意见》（国发〔2012〕41 号）、《浙江省人民政府关于加强教师队伍建设的实施意见》（浙政发〔2013〕26 号）、《浙江金融职业学院"十二五"教育事业发展规划》（浙金院〔2011〕1 号）和《浙江金融职业学院教师职业发展指引（试行）》（浙金院〔2014〕18 号）文件精神，形成一支师德高尚、素质优良、结构合理、富有活力的高素质专业化的教师队伍，为建设国内一流、国际知名的高职院校提供强大的人才支撑和发展保障。现就进一步提升学院师资队伍建设提出如下意见：

一、充分认识加强师资队伍建设的重要性和紧迫性

教师是教育事业发展的基础，是提高人才培养质量、办好人民满意教育的关键。充分调动和发挥教师积极性和主动性，进一步提升质量，优化结构，加大青年教师培养力度，不断提升教师职业化、信息化、国际化能力，建设一支师德高尚、素质优良、结构合理、富有活力的高素质专业化的师资队伍，是学院内涵发展的重中之重。

二、贯彻教师职业发展的指导思想、基本原则和总体目标

(一)指导思想

全面贯彻党的教育方针，认真落实国家和省教育规划以及人才规划，进一步突出教师队伍建设的战略性地位，系统设计、三措并举、五师共育、整体发展。以建设高素质专业化师资队伍为目标，以提升教师专业素质和职业道德素质为着力点，以师德为先、学生为本、能力为重、实践为据、发展为要为基本原则，以落实"国培""省培""校培""系培"和"自培"五阶次培养体系为主要内容，大力提高学院教师队伍建设的水平，推动师资队伍建设工作水平再上新台阶。

(二)基本原则

1. 师德为先。热爱教育事业,树立良好的教师职业观念,形成丰富的教师职业情感,教书育人、敬业爱生、为人师表、团结协作、严谨治学、服务社会。以人格魅力、学识魅力、职业魅力教育和感染学生,形成忠于职守、遵纪守法、以身作则的教师职业行为。

2. 学生为本。以学生发展为本,落实"关爱学生进步、关注学生困难、关心学生就业"的"三关"教育服务体系。培养学生的职业兴趣,激发学生的创造性,提高学生的就业能力、创业能力、观察能力、组织能力、交往能力和终身学习能力,促进学生学有所长,全面发展。

3. 能力为重。在教学和育人过程中,把专业理论与职业实践相结合、职业教育理论与教育实践相结合;遵循职业教育规律和技术技能人才成长规律,不断提高教育教学能力、科研能力、职业能力、社会服务能力及管理能力;坚持在实践中反思,在反思中实践,实现理论教学能力和技能教学能力双向提高。

4. 实践为据。积极参加实践锻炼,了解产业发展、行业需求和职业岗位变化,具备企业经历。坚持实践导向,结合专业教学,主动带着课题到行业和企业中开展调查研究和学习进修,及时应用到专业和岗位等相关工作中,并利用自身优势及学院的有利条件为企业服务。

5. 发展为要。学习专业知识、职业教育理论与职业技能,学习和吸收国内外先进职业教育理念与经验;优化知识结构和能力结构,提高文化素养和职业素养;具有终身学习与持续发展的意识和能力,做终身学习的典范。

(三)总体目标

2014—2016年期间,适应学校提升层次的要求,以强化内涵建设为指引,落实"千万培养",推进新一轮师资队伍培养计划。力争培养5位浙江省新世纪151第二层次人才;10位"金晖学者"高水平、高素养、高能力教师;20位理论实践紧密融合的专业带头人;30位博士学位高水平科研带头型教师;40位较高水平有影响的教授;50位分布学校各学科、各岗位、担重任的正高级专业技术职称的教师;一大批青年教师快速成长。

三、贯彻教师职业发展的具体措施

(一)三措并举

1. 尊重厚待现有人才。要紧紧围绕人尽其才的使用环节,构建一个促进高层次人才施展才华和快速成长的支持和培育体系。尤其是浙江省新世纪151第二、三层次人才、省高职高专专业带头人、教学名师、教坛新秀、教授、博士等现有高层次人才。

2. 着力培养青年才俊。努力营造青年成才环境,通过"访问工程师""双师"素质、"金星闪光""信息化素养""国际化素养"等培养形式,为中青年人才创造交流、学习、提升的机会。

3. 积极引进发展急需。重点从行业、企业一线调入既具有丰富的行业从业经历,实践能力强,又具有扎实的专业理论基础的人才来担任专业教师。

(二)五师共育

1. 教学名师。具有较高的学术造诣,又能长期从事基础课教学工作,注重教学改革与实践,注重培养学生的社会责任感、实践能力和创造精神。

2. 育人高师。懂学生、懂青年、掌握育人规律,具有教育学、心理学等方面知识,爱学生、负责任、会教育、愿服务,具有素质育人、文化育人和实践育人的能力。

3. 实践能师。具有与企业生产实践与管理相结合的实践能力,长期在行业、企业生产、管理、服务一线参加实践取得较好效果,并取得与行业接轨的中级及以上资格证书。

4. 服务强师。开展各种服务社会、服务企业的活动,主持参与行业、企业的横向课题研究,为行业企业、政府决策,为社会进步、企业发展做贡献。

5. 学术大师。具有高尚的人品与道德,在某一学术领域或技艺领域有很高的学问、很深的造诣,注重知识积累与创新,长期潜心于科学研究,并获得较高的科研成果。

(三)实施"十大计划"

1. 师德教风提升计划。着力提高教师职业道德与修养,打造素质高、能力强、作风正的教师队伍。

2. "金晖学者"(学科学术带头人)培养计划。着力提高高层次人才学术研究能力,培养和造就一批有影响力的学术领军人物。

3. 专业带头人提升计划。着力提高教师专业建设能力和水平,培养一批专业突出、市场拓展力和创新力强的高素质专业带头人。

4. 教学与科研团队培养计划。着力提高高层次人才的团队协作能力,形成一批教学科研、社会服务、教学实践团队。

5. "金星闪光"(中青年骨干教师)培养计划。着力提高青年骨干教师的素质和能力,培养一批具有较高学术造诣和专业水平的高层次领军人才的重要后备力量。

6. 博士培养计划。鼓励教师结合学校和专业发展需要,攻读与本专业教学科研工作密切相关的博士学位,提升师资队伍的学历结构和知识结构。

7. "双师"培养计划。以访问工程师项目为切入点,强化教师实践能力和"双师"素质培养,提升"双师"素质教师队伍建设。

8. 教师信息素养提升计划。着力提高教师数字化学习和工作能力,培养一批能熟练应用现代信息技术手段的中青年教师。

9. 教师国际素养提升计划。以教师出国(境)培训访学为切入点,加强国际合作与交流,培养一批具有较高国际化素养的高素质中青年骨干教师。

10. 青年教师助讲(青蓝工程)培养计划。以培养培训为载体,提升青年教师职业能力、实践能力、育人能力和社会服务能力,成为学院教育教学与改革的中坚力量。

(四)落实五阶次培养

1. 国培。按照国家相关文件精神,组织专业骨干教师参加国家级的专业、学科培训,提升专业和学术水平,引领教师职业发展。

2.省培。按照浙江省相关文件精神,组织专业骨干教师参加省级的专业、学科培训,围绕专业建设和人才培养模式改革提升水平,引领教师职业发展。

3.校培。结合学校实际,完善校本培训制度和管理规范,根据现有师资情况,制订教师培养计划,统筹安排校本培训内容,建立普惠全校教师的校本培训体系,鼓励青年骨干教师通过校本培训积极申报省级人才工程。

4.系培。系部将《教师职业发展指引(试行)》作为教师队伍建设的基本依据,根据本系实际情况制定师资培养的措施和配套政策,由系部根据专业建设和教师提升情况,指导教师制订职业发展规划,推荐优秀人才参加院级、省级人才项目选拔。

5.自培。教师对照自身实际和要求,制订个人职业发展规划,建立职业发展档案。增强爱岗敬业、专业发展自觉性;大胆开展教育教学改革,不断创新;积极进行自我评价,主动参加教师培训和自主研修,参加出国进修学习、国内访学、访问工程师、挂职锻炼、社会实践,逐步提升专业素质和能力。

(五)实现整体发展

学院将以推进新一轮师资队伍建设为契机,全面贯彻《教师职业发展指引(试行)》实施"教师千万培养",系部要分阶段有步骤地实施"十大计划",完成目标任务,教师要把《教师职业发展指引(试行)》作为开展教育教学活动和专业发展的基本准则,使学院教师实现整体发展,师资队伍建设呈现出"百舸争流"的气象,为建设国内一流、国际知名高职院校奠定坚实基础。

附录二

中共浙江金融职业学院委员会
关于印发《师德教风提升计划》的通知

浙金院党〔2014〕26 号

加强和改进师德教风建设,不断提高教师的师德素养,是全面贯彻党的立德树人教育方针的根本保证,是建设高素质教师队伍的首要任务。为进一步推进我院师德教风建设工作,切实提升我院教师的思想政治素质和职业道德水平,强化师德教育,履行师德规范,不断提高师德水平,努力建设一支师德高尚、素质优良、充满活力、甘于奉献的教师队伍,同心同德建设更高品质的幸福金院,学院将继续实施师德教风提升计划,现将有关事项通知如下:

一、指导思想

以党的十八大精神、十八届三中全会和全国高校党建与思想政治教育会议精神为指导,深入贯彻《高等学校教师职业道德规范》及《教育部关于加强和改进师德建设的意见》文件精神,以学院"做学生欢迎之师,创社会满意之校,育时代有用之才"的办学价值理念为指引,以提高教师思想政治素质、职业理想和职业道德水平为重点,以关爱学生、教书育人为核心,以"爱国守法、敬业爱生、教书育人、严谨治学、服务社会、为人师表"的师德规范为准则,弘扬高尚师德,强化师德教育,增强广大教师教书育人的责任感和使命感,引导广大教师自觉践行社会主义核心价值观,激励广大教师立德树人,严谨笃学,淡泊名利,敬业奉献,以人格魅力和学识魅力教育感染学生,以实际行动深化"三关",努力做学生健康成长的指导者和引路人。

二、总体目标

开展师德教风提升活动要出实招见实效,以社会主义核心价值观和"尚德、精业、爱生"的教风内化为重点,结合切实加强和改进师德教风的教育宣传;以建立健全师德教风建设长效机制为重点,进一步完善师德教风建设的管理制度、考核评价和监督机制;以教育实践、典型引路、奖优励先等活动的深入开展为重点,在全院形成比敬业、比奉献、比爱生、比育人的良好氛围。通过建设使教书育人、为人师表的理念深入人心,教师思想政治素质有明显提高,教育教学能力显著增强,为人师表形象有显著改善,依法执教、优质施教、廉洁从教、文明执教、乐于从教的风尚成为广大教师教育教学的主旋律。

三、主要任务

(一)不断提高教师的思想政治素质

提高教师的思想政治素质是师德教风建设的首要任务,要组织广大教师认真学习邓小平理论、"三个代表"重要思想和科学发展观,牢固树立正确的世界观、人生观和价值观,坚持正确的政治方向,坚定社会主义道路自信、理论自信和制度自信,自觉培育和践行社会主义核心价值观。坚持学术研究无禁区、课堂讲授有纪律,高度重视学生的思想道德建设和思想政治教育,以良好的思想政治素质影响和引领学生。

(二)切实树立正确的教师职业理想

通过教育引导,不断增强教师的职业光荣感、历史使命感和社会责任感,以培养优秀金院学子、开展科学研究、服务区域经济社会发展和文化传承创新为己任。自觉履行教书育人的神圣职责,努力做志存高远、爱岗敬业、忠于职守、乐于奉献的典范,以高尚的情操引导学生全面发展,在做好本职工作中实现个人理想、体现个人价值。

(三)不断提高教师的职业道德水平

教育引导广大教师坚持社会主义教育方向,全面贯彻党的教育方针,牢固树立育人为本、德育为先的思想,全面关心学生成长,形成良好的师生关系;自觉加强师德修养,模范遵守职业道德规范,以身作则,言传身教,为人师表,倡导求真务实、严谨自律的治学态度和学术精神,积极推进教育创新,全面实施素质教育,促进学生全面发展,切实解决部分教师在岗不敬业、在业不爱生、治学不严谨、为人不师表、在校不主人等问题。

(四)切实加强青年教师的思想政治工作

青年教师与学生年龄接近,与学生接触较多,对学生的思想行为影响更直接,他们的思想政治素质和道德情操对学生的健康成长具有重要的示范引导作用。要在师德教风建设中加强青年教师理想信念教育,着力解决少数青年教师政治信仰迷茫、理想信念模糊、职业情感与职业道德淡化、服务意识不强、个别教师言行失范等问题,促进青年教师健康成长。

(五)不断创新师德教风建设的方式方法

要努力探索新形势下师德教风建设的特点和规律,不断创新师德教风建设的内容、形式、方法、手段和机制,加强针对性和实效性,克服形式主义,把师德教风的主要内容具体化、规范化,使师德教风建设更加贴近实际、贴近教师。

四、具体措施

(一)强化领导,形成师德教风建设合力

成立学院师德教风建设工作领导小组,党委主要领导任组长,分管领导亲自抓,党委宣传部门、组织部门、纪检部门、行政教学管理部门、科研师资部门、督导评价部门、学工部门分工负责,党政分工,部门协同,院系联动,全员参与,形成师德教风建设的合力。

(二)健全制度,进一步规范师德教风行为

按照《高等学校教师职业道德规范》《教育部关于加强和改进师德建设的意见》及省教育厅等制度要求,根据学院《师德教风提升工程实施意见》精神,结合我院实际,出台《浙江金融职业学院教师发展指引(试行)》,同时进一步修订我院师德教风建设的各项规章制度,完善教育教学规范、学术研究规范,将师德教风作为教师考核的主要指标予以考核,使师德修养和师德建设活动在制度上有抓手,在行为上有对照,在管理上有规范,在评价上有依据,以规范的教书育人行为促进教风、学风、校风的根本好转,保证教学质量的稳步提高。

(三)注重学习,进一步形成师德规范的普遍认同

学院把学习师德规范纳入教师培训计划,作为新教师岗前培训和教师在职培训的重要内容。组织广大教师认真学习《高等学校教师职业道德规范》《浙江金融职业学院教师工作规范》等制度,把师德规范方面的制度学习作为教师教研活动的主要内容,将师德规范要求落实到教师日常管理之中,长期坚持,不断深入。采取讨论会、座谈会等形式,深化对教师师德教风建设重要性的认识,全面理解师德规范的基本内容,准确把握师德规范的倡导性要求和禁行性规定,使师德规范成为广大教师普遍认同和自觉践行的行为准则。

(四)突出主体,进一步提升青年教师师德教风水平

进一步加强对新进校的青年教师的岗前培训,把师德教风教育作为重点,培养其职业荣誉感和使命感;进一步加强和改进"青蓝工程"、青年教师骨干培养工程等,注重考核,注重实效,让青年教师在政治思想、师德教风、业务能力等方面有系统提升;继续深入开展"五星级青年教师"评选和"杰出青年"评选,成立青菁俱乐部,发挥青年骨干教师在师德教风中的示范作用。把师德教风建设作为一个首要的、长期的系统工程贯穿于青年教师培养的全过程。

(五)健全机制,完善师德评价监督

把师德纳入教师考核评价体系,由自我、学生、同行教师、教学督导等不同层面进行考核,年度考核中,对教师的师德教风状况进行专项考核评定,并作为教师绩效评价、聘任(聘用)、职称职级和评优奖励的首要标准,奖励师德表现突出者,督促师德表现不佳者,处理师德表现失范者。进一步完善师德考核办法,依据《高等学校教师职业道德规范》和考评体系,结合教学科研日常管理和教师年度考核、聘期考核全面评价师德表现。

(六)选树典型,对标追赶

开展师德标兵、"三育人"先进个人以及学生最喜爱的老师评选活动,真正把师德高尚、业务精湛、为人师表的教师树为典范,成为教职工身边的榜样。以庆祝教师节和表彰优秀教师为契机,号召广大教职工学习先进,形成比、学、赶、超的良好氛围,加强力度,创新形式,宣传先进典型的经验和感人事迹,发挥榜样带动的正能量作用。

(七)突出特色,培育爱生文化品牌

大力弘扬"爱生"文化,进一步深化"关爱学生进步、关注学生困难、关心学生就业"的内涵,把"爱生节"作为校园文化新品牌进行培育,通过理念倡导、活动推动、师生交流等方式,把教书育人、为人师表、关爱学生的师德规划内化成教师的道德认同,外化为其道德行为。

(八)广泛宣传,营造良好舆论氛围

创新师德教风建设活动宣传,通过简报、报刊、网络、广播、电视等形式和媒体广泛宣传我院师德标兵和先进工作者的事迹,各系部师德教风建设的做法、经验和成效,组织教师赴兄弟院校学习交流,开展先进事迹报告会、征文、演讲等活动。激励广大教师把全部精力投入教育事业,为推动学校内涵建设科学发展做出更大的贡献。

五、基本要求

(一)统一思想,明确责任

加强和改进师德教风建设,不断提高教师的师德素养,是全面贯彻党的教育方针的根本保证,是贯彻落实国家和省市教育中长期改革和发展规划纲要的重要举措,是建设高素质教师队伍的首要任务。全院上下要充分认识加强师德教风建设的重要性和紧迫性。领导小组具体负责学校师德教风建设的组织实施和监督检查;各职能部门要统筹安排,协调配合,发挥好牵头抓总、落实责任的作用;各系部要认真谋划,精心组织,力求活动取得实效;广大教师要以师德教风建设为契机,规范行为,提升素质,争做立德树人标兵。

(二)创新载体,提升效果

各系部要创新师德教风建设的内容和形式,让广大教师在丰富多彩的师德教育活动中接受教育,经受锻炼;要将师德教风建设贯穿于教师教学、科研、社会服务工作的整个过程,把师德教风建设和教师的教育教学工作有机结合起来,建立健全师德考核档案,继续实行师

德教风一票否决制。提高广大教师参加活动的积极性和主动性,提高师德教风建设的针对性和实效性。

(三)总结经验,形成机制

通过努力,不断促进师德教风建设的理论创新、制度创新和管理创新,把师德教风规范的主要内容具体化、规范化、制度化,成为全体教师普遍认同的行为准则,形成符合学校教师队伍建设实际的师德教风建设的长效机制。

附录三

浙江金融职业学院
关于印发《"金晖学者"（学科学术
带头人）培养计划》的通知

浙金院〔2014〕45 号

为大力实施"人才强校"战略，造就杰出人才，培养和造就一批有影响力的教育教学学术领军人物，提高人才培养质量，根据《国务院关于加强教师队伍建设的意见》（国发〔2012〕41号）和《浙江省人民政府关于加强教师队伍建设的实施意见》（浙政发〔2013〕26 号）及《浙江金融职业学院"金晖学者"岗位制度实施办法》（浙金院〔2013〕91 号）文件精神，在上一轮学科学术带头人培养基础上，学院将实施"金晖学者"培养计划，现将有关事项通知如下：

一、指导思想

高举中国特色社会主义伟大旗帜，以邓小平理论和"三个代表"重要思想为指导，深入贯彻科学发展观，全面贯彻党的教育方针，认真落实教育规划纲要和人才规划纲要。创新人才管理制度，努力培养造就一支具有发展潜力，对本专业（学科）建设和学术研究工作有创新性构想，在某一方向具有较高的能力和水平，具有团结、协作精神及相应的组织、管理和领导能力的高素质高水平专业化师资队伍，更好地适应学院高层次人才培养的新需求，为学院可持续发展提供强有力的人才保障。

二、培养任务

培养对象为 20 人，培养期为 3 年，每年选拔 1 次，首次培养人数不超过 10 人，通过培养，符合条件的，授予"金晖学者"称号。

三、选拔范围和条件

进校满 3 年，年龄在 50 周岁以下的教授或具有博士学位的副教授，身体健康，学风正派，有宽广的学术胸怀；具有发展潜力，对本专业（学科）建设和学术研究工作有创新性构想，在某一方向具有较高的能力和水平。

"金晖学者"培养对象须符合以下六项条件中的至少三项：

1. 近5年以第一完成人在一级刊物上发表高水平学术论文一篇以上或主持国家级课题一项或省级以上课题两项；

2. 主持省级及以上精品课程或主持省级及以上视频公开课程或主持省级及以上精品共享课程；

3. 在教学研究和教育改革方面取得突出成果：以前三名完成者获省级教学成果一等奖或以第二完成者获省级教学成果二等奖或以前五名完成者获国家级教学成果二等奖及以上；

4. 在科学研究方面取得突出成绩：以第一完成人获得省级科技成果或省级哲学社会科学优秀成果奖三等奖及以上或在科学理论研究成果应用取得突出成绩并获科技厅奖项；

5. 在国内取得公认成就的高层次人才：入选省151第三层次人才或省级专业带头人或省级以上教学团队负责人或教育部特殊（优秀）人才计划人选，或获得国家级或省级教学名师或教育部、省政府颁发的优秀教师；

6. 在教师本人或指导学生参加专业（学科）技能竞赛等方面取得优异成绩：获得国家级竞赛三等奖及以上或省级竞赛一等奖。（竞赛级别参照浙金院教〔2012〕22号《专业（学科）技能竞赛管理办法（试行）》）

四、选拔程序

1. 申请和推荐。由符合条件的教师进行自主申报，申报人按要求填写《"金晖学者"培养申报表》，系部对申报人进行评议和推荐。

2. 科研师资处、教务处分别对申报教师的科研、教学等予以审核认定。

3. 学术委员会审议：学院召开学术委员会，根据申报人条件，严格按照选拔条件予以审议，产生初选名单。

4. 院长办公会议审定。学术委员会将初选结果提交院长办公会议审议，确定培养对象名单，在全校范围内公示，公示无异议，正式发文公布。

五、工作职责

1. 完成教授和副教授岗位的教学、科研、社会服务等要求，根据所在学科的学术发展趋势，提出明确的学科规划和发展方向，培养期内取得国家级或省部级科研项目1项以上，推动学科朝着国内领先、国际上有影响的方向发展。

2. 结合学科前沿，为本学科专业建设和教学改革等提出改革性意见和计划；承担一定的教学工作，并为学生讲授核心课程，指导学生参与各类竞赛项目取得更优异的成绩。

3. 组织团队，形成稳定的研究方向，取得重大的研究成果，每年在核心刊物上发表有较大影响的学术论文1篇以上。

六、培养措施

1."金晖学者"培养采用项目资助制,以项目资助形式发放经费。培养期内对培养对象给予 1 万元/年项目资助,考核优秀者另行奖励。

2.学院积极创造条件,为"金晖学者"培养对象提供国外培训的机会,提升培养对象国际交流能力,培养期内可以参加国际学术交流会议或学习考察一次。

3.鼓励和资助"金晖学者"培养对象参加课程培训、职业技能拓展和开展广泛的学术交流,每年可参加国内高水平学校学习交流等会议一次。

4.学院积极创造条件,支持"金晖学者"培养对象优秀申报国家、省部级项目,优先参与各类评奖评优。

七、管理考核

1.实行师德教风"一票否决制",凡有悖师德规范的,取消培养资格。

2.学院对"金晖学者"的培养实施目标考核和动态管理相结合管理。每学年考核一次,每学年考核合格者,均可直接认定为"金晖学者";对考核不合格者,提出预警,并视情况终止培养,取消资助经费。

3."金晖学者"培养对象以系部培养和管理为主,各系部每年根据培养对象在专业建设、课程建设、教学、科研、社会服务及竞赛等方面的情况进行考核,并报科研师资处备案。

4.培养期满培养对象应向学院提交一份工作总结,内容包括培养期内培养目标完成情况、创新能力水平、承担的教学工作量(数量和质量)、专业建设、课程建设、教学研究与改革、教学成果获奖等情况。

5.培养对象培养期间原则上不能提出调动(辞职)要求,培养结束后,其服务年限不能少于培养年限。

本计划自发文之日起实施,由科研师资处负责解释。

附录四

浙江金融职业学院
关于印发《专业带头人提升计划》的通知

浙金院〔2014〕46号

为进一步深化学院专业内涵建设,提高专业人才培养质量和办学水平,推进学院国内一流、国际知名高职院校目标建设,提高专业带头人整体素质与水平,根据学院发展规划,继续实施"专业带头人"提升计划,现将有关事项通知如下:

一、提升对象

提升对象为学院具有在校生的专业主任、副主任、主任助理。

二、选拔程序

该工程实施申报制,采取"个人申请、系部推荐、资格审查、专家审议、任前公示、学院审定"的办法进行选拔。

1.本人自荐:根据学院统一部署,按要求填写《专业带头人提升计划申报表》,含详细的专业建设规划方案。

2.系(部)初审:系(部)对有关人选的政治思想表现、职业素养、业务水平、教学科研业绩、产学合作能力、发展潜力等做出鉴定,择优推选,确定系(部)推荐人选,写出推荐意见并汇总系(部)推荐人选,报相关部门审查。

3.教务处、科研师资处资格审查并初选:学院科研师资处、教务处分别对申报表中有关教学、科研、产学合作等方面的内容予以审核认定,并根据基本条件对申请人进行初选,并提交学院人才培养工作委员会审议。

4.人才培养工作委员会审议:学院召开人才培养工作委员会会议,根据申报人条件,严格按照选拔条件予以审议,采取无记名投票方式产生初选名单。

5.学院审定:由人才培养工作委员会将初选结果提交院长办公会议审议,确定培养对象名单,在全校范围内进行公示,公示无异议,正式发文公布。

<h1 style="text-align:center">三、工作职责</h1>

专业带头人除履行教师的基本职责外,还应着重履行如下职责:

1.负责专业论证、撰写论证报告,为专业建设提供决策依据;研究专业建设方向、确立专业特色;负责牵头制订专业发展规划,组织实施专业建设和人才培养方案;组织编制专业教学计划及专业教学实施计划,并组织实施。

2.根据专业发展需要,提出专业教师队伍建设意见,协助院、系各级组织、实施专业师资培训规划和人才调配计划;协助教研室主任组织本专业的教学改革工作,协助教研室主任进行本专业的实习实训基地建设工作。

3.负责组织本专业课程建设、教材建设等工作;组织实施本专业基础课、专业课的教材(含多媒体教材)、视频公开课、精品资源共享课的开发工作,配合相关专业做好跨专业课程(群)建设工作。

4.组织开展专业教研活动,指导本专业课程建设,培养本专业课程带头人,指导本专业的其他教师提高教学质量,培养青年教师的业务水平,积极推行课程教学方法、教学内容、考核方式的创新。

5.结合本院实际,在本专业领域内积极开展教育教学、项目申报、产教合作、技术应用、学生竞赛和创新活动,积极参与解决本专业教研工作中的难题和实验实训基地的建设、学生竞赛活动的组织和指导,在专业建设中发挥积极的作用。

<h1 style="text-align:center">四、提升措施</h1>

1.分期动态培养。培养对象的周期为3年,每年进行阶段性考核,考核合格者继续进行培养,连续两年考核不合格者淘汰,原则上不再列入下一批培养计划。经过1年提升,遴选出20名高水平高质量专业带头人。

2.专项经费资助。按培养和使用相结合的原则,对培养对象实施津贴和奖励制。培养期内每年给予专业带头人一定数额的产学研能力提升培养津贴(专业主任[含主持工作的副主任]1.2万元/每年、专业副主任1万元/每年、专业主任助理0.8万元/每年),专业带头人同时为省级专业带头人的,经费资助按就高原则执行,不予重复资助。专项经费主要用于专业带头人开展教学改革、专业建设、教学团队建设、教材建设、产学合作、技术服务和社会服务等。

3.深造、培训、晋升优先。同等条件下,学院将在学历提高、专业进修、外出考察、职称评聘、岗位聘任等予以优先考虑。

4.扶植项目申报。支持其院级科研、院教改研究项目的立项,鼓励并向上推荐承担国家级、省部级各类科研项目、优先申报教材专著出版、精品开放课程立项;

5.创设发展条件。学院努力为专业带头人创造良好的工作和生活环境,构建有利于专业带头人成长的氛围,建立与行业企业联合培养的机制。每年,聘请知名专家来学院指导,促进专业师资培养。有计划地选派专业带头人到企业顶岗培训,根据政策解决相关待遇。

五、管理考核

1.实行师德教风"一票否决制",凡有悖师德规范的,取消培养资格。

2.系(部)负责本部门"专业带头人提升计划"的日常管理工作,各系(部)可根据本办法制定相应的管理办法;系部每学年检查各单位"专业带头人提升计划"工作实施情况,教务处将此作为对系(部)的考核内容之一。

3.专业带头人以专业为单位定于每年9月中旬向教务处提交一份本专业人才培养调研报告,内容须包含相关企业的走访、相关院校相同专业(省内外院校各两所)建设情况的考察、人才培养的社会需求预测、职业岗位发展能力要求和课程知识内容模块开设要求等方面。

4.学院以专业建设绩效作为专业带头人的考核指标,对专业带头人履行职责情况进行考核评定。专业带头人须提交本人履行职责的工作报告。

5.其他考核指标:任期内指导专业教师主持1项院级及以上科研(教研)课题;任期内至少完成一门专业主干课程的建设;任期内至少发表1篇教改(教研)论文;每年至少主持召开(主讲)1次公开课、学术报告会或学术交流座谈会;任期内应积极申报"访问工程师"项目及深入一线企业、行业,承担与企业相关的科研项目,做好社会服务工作;任期内应积极承担本专业学生就业指导和服务的各项工作,为本专业就业工作做出突出贡献。

6.考核评估每学年进行一次。对于没有完成工作职责,年度考评不合格的专业带头人,取消其以后年度的所有经费和津贴补助。

本计划自发文之日起实施,由科研师资处、教务处负责解释和补充修订。

附录五

浙江金融职业学院关于印发
《教学科研与育人团队培养计划》的通知

浙金院〔2014〕47 号

根据《浙江金融职业学院"十二五"教育事业发展规划》和教师素质提升计划,为进一步推进学术团队与育人团队建设,落实人才梯队建设,优化师资队伍建设。培育一批长期从事教学科研工作,教学水平高、教学效果突出、科研成果丰硕,能够发挥示范作用的高层次人才,形成一支由高层次人才领衔的优秀教师队伍,带动一批青年教师脱颖而出,提升师资队伍的整体实力和团队协作能力;培养一支长期从事学生思想政治教育工作工作,育人水平高、育人效果显著,具有严谨的科学态度、良好的团结合作、创新进取精神的辅导员队伍。促进学院教育教学与学生管理质量和水平的显著提高,在上一轮高水平学术团队建设基础上,学院将实施新一轮教学科研与育人团队培养计划,现将有关事项通知如下:

一、指导思想

以邓小平理论和"三个代表"重要思想为指导,全面贯彻落实科学发展观,以职业化、信息化、国际化为目标,进一步推进学院学术结对培养,积极创造条件,选准一批个体自觉且有培养前途的教师作为培育对象,鼓励和支持浙江省新世纪151第二层次人才、省高职(高专)专业带头人、学院金晖学者、教授,结对一位(批)学术助手(青年教师),形成一个教学科研、社会服务团队;结交一位(批)业务行家(同行专家),打造一个教学实践相结合的团队;搭建和创新一批行业企业合作交流平台,结交和发展一批同行互动交流平台;鼓励和引导学院从事思想政治教育工作且具有副高职称的教师作为团队带头人,结对一位(批)育人助手(辅导员),造就一支育人团队。发挥高层次人才的引领作用,提升在专业领域、行业领域、育人领域内影响力,并在一定领域成名成家,同时提升青年教师教育教学能力、研究能力、社会服务能力及辅导员的育人能力、管理水平、职业能力和职业素养,促进其快速成长成才,通过团队建设带动我院教师队伍整体水平提升。凡是符合培养条件的,均可列为学术结对培养对象。

二、选拔范围和条件

1. 在全校范围内,采取自愿报名和公开选拔的方法,选准一批个体自觉且有培养前途的浙江省新世纪151第二层次人才、省高职（高专）专业带头人、学院金晖学者以及教授作为名家名师培育对象，与青年教师结对或与一位（批）业务行家（同行专家）建立协作关系；

2.在全校范围内，采取自愿报名和公开选拔的方法，选准一批热爱学生工作、工作积极、勇于实践、团结合作、创新进取的辅导员与从事思想政治教育工作且具有副高职称的教师结对建立团队协作关系；

3.培养期一般为3年。

三、选拔程序

1.推荐和申报。浙江省新世纪151第二层次人才、省高职（高专）专业带头人、学院金晖学者、教授以及从事思想政治教育工作且具有副高职称的教师，可根据自身实际或需要推荐结对人选。结对助手可根据自身条件，按照有关规定填写申报材料，向各系部提出申请。

2.资格审查。教学科研团队由学术委员会对推荐和申报人选的条件、资格进行审查；育人团队由学生工作委员会对推荐和申报人选的条件、资格进行审查。

3.讨论认定。根据学术委员会或学生工作委员会的审查结果，综合考虑系部专业学科均衡分布等要求，经院长办公会议讨论公布最终结对团队名单。

四、工作职责

（一）教学科研团队职责

1.结对一位（批）学术助手，按照专业方向和兴趣爱好一致或者知识学科互补的原则，鼓励高层次人才与青年教师结对，以专业群、教研室或课程组为工作平台，以合作科研、合作服务、合作教学为主要形式，积极发挥高层次教帮、传、带作用，努力提升青年教师教、学、研水平，形成良好的高水平师资梯队。

2.结交一位（批）业务行家（同行专家），与有较高层次和水平的教师建立协作关系，联合一批专业和行业对口的从业人员，最好是业务行家，定期进行理论与实践的相互交流，汲取最新的业务和政策信息。

3.负责建立"1+×+×"的名师名家联合体和支持群，形成一个校内外结合、专兼结合的有机统一团队，使团队既有人才培养功能，又有科学研究合力，更具社会服务潜能。

4.学术助手应在导师培养和指导下，虚心学习，踏实工作，积极提升自身教育教学能力、研究能力、社会服务能力、职业能力和职业素养。结对双方应共同进行论文发表、共同开展项目研究、共同开展社会服务、共同进行专业与课程建设以及建立校外实训基地。

（二）育人团队职责

1.结对一位（批）育人助手（辅导员），鼓励和引导从事思想政治教育工作且具有副高职称的教师与辅导员结对,以学生"千日成长工程"和系部"育人品牌项目"为载体,以育人工作模式研究、辅导员职业技能大赛、辅导员学术沙龙、指导学生活动、指导学生竞赛、指导学生社会实践为主要形式,积极发挥传、帮、带作用,帮助辅导员开展与实际工作有关的实践性研究,提升辅导员的理论素养、育人能力,形成一支专业化的育人队伍。

2.结对助手(辅导员)在团队带头人的指导下,认真制订培养计划,牢固树立良好的思想道德和职业操守,负责建立校内外结合的育人联合体,积极提升自身的育人能力。结对双方应共同开展育人研究、共同开展育人品牌活动、共同指导学生竞赛。

五、培养措施

1.教学科研团队培养采用高层次教师指导下的项目资助制,结对双方共同商定结对方案,明确合作形式。对符合条件的申报团队给予每年1万元的项目经费。

2.育人团队培养采用团队带头人指导下的项目资助制,结对双方共同商定育人方案,明确育人形式。由学生工作委员会审核,对考核优秀的团队给予一定奖励。

六、管理考核

1.实行师德教风"一票否决制",凡有悖师德规范的,取消培养资格。

2.浙江省新世纪151第二层次人才、省高职(高专)专业带头人、学院金晖学者、教授以及从事思想政治教育工作且具有副高职称的教师,可以根据自身需要结对助手1—3人。经本人申请,系部审查,交科研师资处报学院审批。

3.浙江省新世纪151第二层次人才、省高职(高专)专业带头人、学院金晖学者以及教授,可以结对行业业务伙伴1—2人,经本人申请,系部审查,交人事处备案。

4.教学科研与育人团队的考核以系部管理和考核为主,每学年对结对团队进行过程考核,并报科研师资处备案。教学科研团队考核内容为结对双方共同发表的论文数和共同开展的项目研究数、共同开展社会服务、专业与课程建设、校外实训基地建立以及指导学生参加竞赛等情况;育人团队考核内容为双方共同开展的育人活动成效、共同指导的竞赛获奖数、共同开展的社会实践成果以及践行"三关"学生体系情况;凡是达到上述条件的其中两项视为考核合格,考核不合格者,取消下一学年资格。

本计划自发文之日起实施,由科研师资处负责解释。

附录六

浙江金融职业学院
关于印发《"金星闪光"(中青年骨干教师)
培养计划》的通知

浙金院〔2014〕48 号

根据教育部、中组部、中宣部、发改委、财政部、人力资源和社会保障部《关于加强高等学校青年教师队伍建设的意见》(教师〔2012〕10 号)和《关于深化教师教育改革的意见》(教师〔2012〕13 号)文件精神,为推进学院师资队伍建设,形成合理的师资梯队,促进教师队伍可持续发展,加大青年骨干教师培养力度,提升青年骨干教师素质和能力,使青年骨干教师尽快成长成才,支持优秀青年骨干教师脱颖而出,在上一轮中青年骨干教师培养基础上,学院将实施"金星闪光"培养计划,现将有关事项通知如下:

一、指导思想

以邓小平理论和"三个代表"重要思想为指导,坚持科学的发展观和人才观,根据学院发展规划,以提高青年骨干教师素质和能力为目标,充分创造条件,统筹安排、循序渐进,对那些具有较高学术造诣和专业水平并有很好发展潜力的青年骨干教师,加大培养力度,重点扶持,促使一大批青年骨干教师快速成才,形成我院最高层次领军人才的重要后备力量。力争遴选 50 名"金星闪光"培养对象。

二、选拔范围和条件

1. 思想政治素质好,热爱所从事的专业;有良好的职业道德,为人师表、教书育人,并愿意长期在我院工作。

2. 进校满 1 年,年龄 40 周岁以下(1974 年 1 月 1 日以后出生),具有硕士及以上学位且有讲师及以上专业技术职务。

3. 具有扎实专业基础,积极承担并认真完成工作任务;主持过 1 门课程建设,教学效果优良,教学业绩显著。

4. 近 3 年来在公开刊物发表学术论文 3 篇及以上(本人为第一作者,学院为第一单位)和主持厅级及以上课题 2 项。

5. 入选浙江省"新世纪 151 人才工程第三层次"的教师考核合格可直接入选；人文社科等国家级项目主持者可直接入选。

注：年龄、成果统计截止时间为 2013 年 12 月 31 日。

三、选拔程序

1. 系部推荐与本人自荐相结合：在系部推荐的基础上，申报教师按照学院统一部署，填写《"金星闪光"培养对象申报表》。

2. 系（部）初审：系部对申报教师人选的师德师风、教学水平、科研能力、工作实绩、发展潜力等做出鉴定，并写出推荐意见。

3. 职能部门审查：科研师资处、教务处分别对申报教师的科研、教学等予以审核认定，并提交学术委员会审议。

4. 学术委员会审议：学术委员会根据申报人条件，严格按照选拔条件予以审议，产生初选名单。

5. 院长办公会议审定：院长办公会议对初选名单进行审议，确定培养对象名单，公示后，发文公布。

四、工作职责

1. 虚心向专业带头人学习，为专业建设献言献策，研究课程教学方法、教学内容、考核方式的创新。较好掌握现代教育技术理论与手段，协助专业带头人组织本专业的教学改革、实习实训基地建设、课程建设、教材建设、学科竞赛等工作。

2. 在专业带头人指导下担任至少 1 门课程的教学任务，经常与专业带头人沟通教学内容、要点及主要教学方法，及时改进教学中的不足。

3. 积极参加专业教研活动，帮助本专业的新进青年教师提高教学质量；主动参加省培、校培和自培，提升专业能力；积极申请"访问工程师"项目，深入一线企业实践，提高专业实践才干；潜心科研工作，积极努力申报省级课题，培养期内在核心刊物上发表论文 1 篇。

4. 培养期间，做好学习、工作、实践、培训、科研、指导学生竞赛等记录。培养期满，完成个人参加培养培训的总结报告。

五、培养措施

1. "金星闪光"培养采用专业带头人指导下的项目资助制，以项目资助形式发放经费。培养期内对培养对象给予 0.6 万元/年项目资助。培养期一般为 3 年。

2. 学院为"金星闪光"培养对象的成长和发展搭建平台，在学校的各项工作中提供锻炼的机会,鼓励和支持他们参加校培、系培和自培,提高青年教师综合素质和专业水平。

3.学院积极创造条件,多渠道为"金星闪光"培养对象争取国外培训机会。有计划、有重点地选送部分培养对象出国交流,主要学习职业教育教学理论与方法、先进教育技术和课程开发手段,提升国际交流能力。

4.学院继续鼓励和资助"金星闪光"培养对象在职攻读博士学位,并对博士学位获得者予以一定奖励。

5.学院优先推荐特别优秀的"金星闪光"培养对象晋升高级职称,申报省各类人才工程和厅级以上项目。

6.系部应鼓励和推荐"金星闪光"培养对象参加"访问工程师"项目,到企业生产一线实践锻炼,重点熟悉相关行业企业先进技术、生产工艺与流程、管理制度与文化、岗位规范、用人要求等。

7.系部应以多种形式鼓励和支持"金星闪光"培养对象积极参与教学、科研、育人等研究,多出成果;并参加学科竞赛,在各类竞赛中取得更优异的成绩。

六、管理考核

1.实行师德教风"一票否决制",凡有悖师德规范的,取消培养资格。

2.培养对象要在专业带头人和系部共同商定下制订项目方案,根据项目方案,分阶段有步骤地完成项目目标,并作为培养期满考核的重要依据。

3.培养对象以系部考核管理为主。每年须向系部提交学习、教学、科研、实践等情况的材料。根据项目预期目标,系部每年对培养对象进行考核,并报科研师资处备案。考核结果与年度教学业绩考核、专业技术考核挂钩。

4.学院对培养对象实施动态管理,根据系部上报的考核结果,对考核不合格者,提出预警,并视情况终止培养,取消经费资助。

本计划自发文之日起实施,由科研师资处负责解释。

附录七

浙江金融职业学院
关于印发《博士培养计划》的通知

浙金院〔2014〕49 号

根据《国务院关于加强教师师资队伍建设的意见》(国发〔2012〕41 号)和《浙江金融职业学院"十二五"教育事业发展规划》(浙金院〔2011〕1 号)文件精神,为进一步推进强化我院内涵建设,加强我院师资队伍建设,不断提升师资队伍的学历结构和知识结构,提高师资队伍的整体素质,保障我院教育办学特色和教育教学质量,结合我院师资队伍建设工作实际,特制订本计划。

一、指导思想

高举中国特色社会主义伟大旗帜,以邓小平理论和"三个代表"重要思想为指导,深入贯彻科学发展观,全面贯彻党的教育方针,认真落实《国家中长期教育改革和规划发展纲要(2010—2020 年)》和我院"十二五"教育事业发展规划,围绕建设国内一流、国际知名高职院校的目标,进一步深化内涵建设,着力于扎实教师理论科学水平,提高教育教学质量,提升科学研究能力,提高学术创新水平,为我院教育教学提供有力且可持续的支撑。

二、总体目标

力争通过 3 年时间,加强培养在职攻读博士教师,适当引进博士研究生,使我院博士人数达 30 人,科学研究能力和学术创新水平得到进一步提升,能带动学院学术氛围的建立,保障学院人才培养质量。

三、培养对象

凡满足以下条件的教师可纳入博士培养对象:

1. 热爱本职工作,安心学院工作,具有较高的政治思想素质和良好的职业道德的教师、

"双肩挑"教师及管理、教辅人员;

2.教学态度端正,教学效果良好,认真履行岗位职责,积极承担工作任务,工作量饱满,近3年无责任事故,年度考核均在称职及以上;

3.取得硕士学位后,且在校工作满三年的教师。

四、申请程序

1.个人申请,填写《浙江金融职业学院学历进修申请表》;

2.所在部门审核并提出推荐意见;

3.教务处、人事处审核;

4.院领导审批,人事处备案后可在职攻读博士研究生。

五、培养措施

1.凡经学院同意在职攻读博士研究生者,在取得学位后,视其取得博士学位时间、脱产情况等给予经费补助1万—3万元。

2.凡学院引进的紧缺专业博士人才,可相应给予一定住房或科研资助经费。

3.为鼓励在职攻读博士学位教师专心学习,经本人申请,所在部门同意,学院批准,可脱产学习,最多脱产学习时间为1年。

4.在职攻读博士,不脱产学习的教师,在学习期间可选择两个学期研修,研修期间可减免教学工作量50%。

5.脱产学习期间,学院将继续发放基本工资和基础性绩效工资。其他学习期间,在完成学院规定岗位的教学、科研、社会服务等要求前提下,享受在岗人员的同等待遇。

六、考核与管理

1.经学院审批后报考并被录取为博士研究生的教师,须至学院人事处办理相关手续并签订《浙江金融职业学院在职攻读博士学位协议书》。

2.实行师德教风"一票否决制",凡有悖师德规范的,取消培养资格。

3.教师在职攻读博士研究生学习期间(含脱产学习)的管理由所在部门负责。

4.教师在取得博士学位后一周内,应携带博士学位证书原件及复印件至学院人事处办理相关手续。

5.在职攻读博士学位,自就读开始,必须在5年内取得博士学位。超过时限的,不再享受相关奖励。

6. 我院在职培养的博士生取得博士学位后，一般不受理其到校外从事博士后研究工作的申请。

7. 在职攻读博士研究生的学习结束后，须在学院继续工作至少 5 年。

本计划自发文之日起实施，由人事处负责解释。

附录八

浙江金融职业学院
关于印发《"双师"培养计划》的通知

浙金院〔2014〕50号

加强"双师"教师队伍建设,是学院师资队伍建设的关键,也是实现高技能人才培养目标的根本保证。为进一步推进学院"双师"教师队伍建设,促进教师队伍职业化和专业化,根据《浙江省高等教育"十二五"发展规划(2011—2015年)》《浙江省教育厅关于加强高等职业院校"双师"教师队伍建设的若干意见》《浙江金融职业学院"十二五"师资队伍建设规划》和《浙江金融职业学院进一步推进"双师"教师队伍建设的实施办法》精神,学院将实施"双师"培养计划,现将有关事项通知如下:

一、指导思想

以科学发展观为指导,以提高人才培养质量为中心,以"双师"教师队伍建设为核心,全面落实《浙江省中长期教育改革和发展规划纲要(2010—2020年)》《浙江省高等教育"十二五"发展规划(2011—2015年)》和《浙江金融职业学院"十二五"师资队伍建设规划》,健全"双师"培养培训机制,加大经费投入,建设一支数量充足、素质一流,熟悉产业状况、服务产业转型、支撑产业发展的高素质专业化的"双师"教师队伍,有力保障学院事业改革和发展。

二、培养任务

1. 到2015年,学院生师比达到16∶1(含专任教师及兼职教师),其中专任教师生师比不高于20∶1;"双师"教师占专任教师和专业教师的比重分别提高到60%和80%;兼职教师中具有中、高级专业技术资格和技师、高级技师的比例不低于60%,授课量占总课时的比重提高到20%以上,占专业课时比例逐步提高到30%。60%"双师"教师拥有2年以上企业工作或锻炼经历。

2. 到2020年,学院专任教师生师比达到18∶1;"双师"教师占专任教师和专业教师的比重分别超过65%和85%;兼职教师中具有中、高级专业技术资格和技师、高级技师的比例不低于80%,授课量占总课时的比重提高到25%以上,占专业课时比例逐步提高到40%。

90％以上"双师"教师拥有 2 年以上企业工作或锻炼经历。

3.建立健全专业教师下行业企业实践锻炼制度,保证每位"双师"教师每年至少有 15 天左右时间带课题带任务到企业进行与专业授课相关的工作研修;每 5 年至少有半年的集中时间到企业挂职,承担与专业和岗位发展相关的工作。新进专业教师在独立开课前至少应有 2 年企业工作经历。

4.与企业共同建立的相对稳定的"双师"教师培养培训基地不少于 10 个,并重点建设一些省级"双师"教师高校培养培训基地和企业培养培训基地。

5.教职工培训经费,不低于事业性经费支出中商品服务和服务支出经费支出总数的 4％;其中,"双师"教师队伍建设经费不低于教职工培训经费的 50％。

三、培养目标

通过培养使我院教师具备下列经历或资格之一:

1.有本专业实际工作的中级(或以上)技术职称(含行业特许的资格证书);

2.近 5 年中有 2 年以上(可累计计算)在企业第一线本专业实际工作经历,或参加教育部组织的教师专业技能培训获得合格证书,能全面指导学生专业实践实训活动;

3.近 5 年主持(或主要参与)2 项应用技术研究,成果已被企业使用,效益良好;

4.近 5 年主持(或主要参与)2 项校内实践教学设施建设或提升技术水平的设计安装工作,使用效果好,在省内同类院校中居先进水平;

5.在企事业或科研等单位取得中级及以上非教师系列专业技术职务,并在高职院校任教 1 年以上,能胜任本专业一门以上专业理论课程教学工作。

四、"双师"资格认定程序

1.本人申报:申报教师根据"双师"条件,填写《专业教师双师素质认定表》,并附相关佐证材料。

2.系(部)初审:系部对申报教师人选的师德师风、专业技术资格、行业资格证书、企业经历、研究成果、培训证书等做出鉴定,并写出推荐意见。

3.职能部门审查:科研师资处、教务处、人事处分别对申报教师的各项条件予以审核认定,确定"双师"名单,公示后,发文公布。

五、主要措施

1.学院要齐抓共管,通过培养和引进相结合,推进双师队伍建设,不断重视"双师"队伍培养,提高"双师"教师比重和兼职教师占比;加大"双师"队伍建设专项经费的投入,主要用于教师培训、考证、校内实训基地建设、校企合作、聘请兼职教师等方面,同时努力拓宽师资队伍引进渠道,加大对来自行业领域的专家、企业骨干、技术能手等优秀人才的引进力度;多渠道为教师争取国内外考察访问机会,提升教师业务水平。

2.双师队伍培养以系部为主体开展,各系部要重视双师队伍建设,围绕学院目标,结合专业建设,制订双师建设规划,不断优化师资队伍数量和结构,有针对性地组织教师分期、分批到企业行业一线参加实践锻炼和企业顶岗培训;切实落实访问工程师项目,以访问工程师项目为载体,提升职业能力和服务社会能力;努力建立相对稳定的双师基地,加强与企业的产学合作关系,鼓励有一定实践经验和能力的教师参与企业的技术开发与革新;建立一批校级"双师"教师培养培训基地,承担"双师"教师的校本培训和实践锻炼等。

3.教师要积极参加与本专业密切相关的第二专业技术职称的申报和评审,或行业资格证的考评,取得相应的技术职称证书或行业特许资格证书;在完成本职工作任务后,踊跃参加国培、省培、校培、系培和自培及双师基地建设,深入行业,掌握与所教专业相对应的技术领域的理论与技能,将新技术、新工艺引入课堂,丰富教学内容,提高教学质量。

六、管理考核

1.实行师德教风"一票否决制",凡有悖师德规范的,取消培养资格。

2.学院要根据《进一步推进"双师"教师队伍建设的实施办法》,围绕学院发展规划,对未具备双师资格教师实施动态管理,对积极到行业、企业生产、管理、服务一线参加实践并取得较好效果的教师予以一定的奖励,对取得与所教专业相对应的行业的中级及以上职业资格证书的教师,予以一定的奖励,对"双师"队伍建设成效显著的系部,加大经费投入力度。

3."双师"培养计划以系部考核管理为主,培养经费从各系人才培养和专业建设经费中列支。每位教师每年须向系部提交实践锻炼、产学合作、技术培训、考证等相关材料,尽早使自己具备"双师"资格。根据培养预期目标,系部每年对培养对象进行考核,并报科研师资处备案。考核结果与年度教学业绩考核、专业技术考核挂钩,与岗位聘任挂钩。

本计划自发文之日起实施,由科研师资处负责解释。

附录九

浙江金融职业学院
关于印发《教师信息素养提升计划》的通知

浙金院〔2014〕51 号

　　教师信息素养是教师整体素养的重要组成部分,是教师个体根据社会信息环境以及发展要求所应具备的信息品质、信息知识与信息能力。为了增强学院教工现代大学意识,提高我院教师信息教育技术水平,根据《教育信息化十年发展规划(2011—2020 年)》和《浙江省教育信息化"十二五"发展规划》,根据学院现状,计划用 3 年时间对全体教师开展教育信息技术素养提升培训,为确保工作顺利开展,现制订如下计划。

一、指导思想

　　认真贯彻科学发展观,以《教育信息化十年发展规划(2011—2020 年)》和《浙江省教育信息化"十二五"发展规划》为指引,围绕学院"信息化、国际化"建设和打造国内一流高职院校的总体要求,以满足教师发展需要、推动教育教学管理和服务为目标,以信息技术在校务管理和现代教育教学中的应用为重点,开拓创新、求真务实,大力提升教师整体信息素养水平,为加快实现学院教育现代化提供有力支撑,为构建数字金院、信息金院保驾护航。

二、目标任务

　　力争通过 3 年的时间,使全体教师通过信息素养基础培训,具备较高信息技术意识;使80%以上的教师通过信息素养提高培训,能够在教育教学中熟练应用现代信息技术;使30%以上的教师通过信息素养研修培训,深入理解信息技术先进思想并运用于科研及教学创新;全体行政管理人员能熟练掌握教育教学管理系统和软件,能运用管理软件和系统高效地管理学校各部门的事务,从而全面提高教师队伍的信息技术素养,促进学校教育现代化,增强学校教育可持续发展能力,有效提升学院的办学核心竞争力。

三、主要举措

1. 规范引导，增强信息意识

强化教师信息意识、信息观念，通过组织学习信息技术方面的有关政策和规定，举办各种信息技术的讲座，培养全体教师的信息意识和对信息的敏感度以及重视程度，认识到获取信息资源对教育和科研工作的重要性，关心教育信息化进程，并积极投入到教育信息化工作。

2. 按需出发，开展技术培训

成立教师信息素养提升培训机构，设立信息技术教育培训中心，定期组织教师进行信息技术教育培训。聘请相关领域专家、导师，根据不同专业、年龄结构制订有针对性的培训内容和培训方案，进行分组、分级培训，有效调动教师的积极性，保障教学质量和效果。组织中青年骨干教师到有条件的高等院校进行短期培训；整合校内资源开展校内信息技术培训、信息技术与课程整合的教学观摩或教学研讨等；利用在线学习平台进行信息技术相关知识的推送，提倡自主学习，自我提高信息素养。

3. 创设环境，促进教学应用

环境造就人才，良好的信息素养培养环境是教师主动增强信息素养的外在动力。学院将加大投入，积极创设软硬件条件，积极引入各类教学资源以及各类平台、工具。同时，鼓励教师参与教学资源的建设，将教学资源的开发和教师信息技术的培训结合起来，将校内教学资源的开发和教师信息技术应用能力的考核结合，以提高广大教师应用信息技术的积极性，使广大教师在参与校内资源开发的过程中，自觉地提高自身的信息素养。同时，教师信息素养的提高，又为学校开发出优质的校内教学资源奠定基础。

4. 结合岗位，制定评价体系

根据不同的岗位要求，制定相适应的评价标准，包括技术标准、应用标准和知识标准，设计专业教师、一般教师和行政教师的评价量表。例如对全体教职人员来说，需要掌握计算机的基本知识、Windows 操作系统的基本知识和基本操作、汉字录入、Word 的基本操作与应用、网络基本知识及校园网的相关应用等；对学科教师，则需要开展相关信息能力的提高培训，包括 PowerPoint 的基本操作与应用、校园网资源库的应用、互联网资源的搜索等；而学科骨干教师更需要在此基础上进一步提高，掌握运用 Flash 制作课件、个人网站及主题知识网站的开发等技能。

5. 强化考核，建立激励机制

教学职能部门应鼓励教师在课堂中应用信息技术，参与教师培训方案的实施，为教学实践提供必要的政策支持。同时，建立相应的激励机制，提高教师在教学科研活动中使用新技术的积极性，对在教学中积极采用现代信息技术的教师给予奖励。此外，通过开展课程信息化技术比赛、课件制作比赛、优秀课堂评奖等形式，增加教师的参与意识，从而提高教师的信息能力。对每年新调入的教师，要求完成规定信息技术学习内容，并进行相应的考核，形成制度。在培训方法和考核策略上，采用任务驱动方式，利用活动促进的方法，结合培训目标，布置具体任务,把考核与培训结合起来。鼓励教师通过继续教育、自主培训等方式保障信息素养的进一步提高。

四、培训实施

1. 培训者的培训

组建以信息技术专任教师与校内外专家为核心的培训团队,坚持"边培训、边实践、边总结、边提高"的思路,有计划、有步骤地对培训教师进行强化培训。对担任信息技术培训的授课教师,可采取派出学习培训的方式,尽快提高其学术水平和业务能力。

2. 采用线上线下相结合培训模式

在培训期间采用任务驱动教学法,按照"划分小组、明确各自职责,明确学习任务、激发学习动机,学员自愿参加,团结协作、以交流促提高,实践巩固学习成果"的流程进行培训。

本计划自发文之日起实施,由信息化办公室负责解释。

附录十

浙江金融职业学院
关于印发《教师国际化素养提升计划》的通知

浙金院〔2014〕52号

作为首批国家示范性高职院校,学院已经站在了科学发展的新起点上,正处于一个继往开来的新阶段,着力加强内涵建设,稳中求进,提升品质,促进各项事业更好更快发展。自学院提出建设国内一流、国际知名高职院校的目标以来,经过几年的努力,学院的教育国际化工作在原有成绩的基础上已有了新的进展与突破,提升到了一个新的层次。为进一步提升我院教师的国际化素养,更好地提高学院的教育国际化水平,建设国际先进水平学校,根据《浙江省高等教育国际化发展规划(2010—2020年)》和《浙江金融职业学院"十二五"教育事业发展规划》,结合学院当前教师素质提高和教育国际化工作的实际情况,制订本计划。

一、指导思想

以《浙江省高等教育国际化发展规划(2010—2020年)》和《浙江金融职业学院"十二五"教育事业发展规划》为指引,围绕学院强化内涵建设、提升办学实力的工作要求,服务于师资队伍建设,坚持以人为本,以促进教师专业发展为目标,以教师出国(境)培训访学为切入点,以中青年骨干教师为重点,采取切实有效的措施,进一步提升我院教师的整体国际化素养,为实现学院建设"国内一流,国际知名"高职院校的目标而努力。

二、目标任务

力争通过3年左右时间的建设,以与学院当前国际化发展相适应的举措为载体,帮助教师实现国际化视野再拓宽、国际惯例再认识、本专业国际化知识再更新、跨文化沟通能力再提升、独立的国际活动能力和运用与处理信息的能力再提高,造就一支具有国际化视野、胜任国际化人才培养、参与国际合作研究,进行多元文化交流、熟悉国外教育管理、具有较高国际化素养、适应国际先进水平学校建设需要的高素质优秀教师队伍。

三、主要举措

1. 深化国际化高端师资培养工程。以国际化高端师资培养工程为引领,结合《教师职业发展指引(试行)》,更科学地做好国际化高端师资培养规划,启动第二期国际化高端师资培养工程,加大对教师三个月以上时间出国访学工作的支持力度。通过选送教师出国开展三个月以上时间的访学研修,帮助教师熟悉本专业领域的新理论、新技术和最新的专业前沿动态,提升教师的专业能力和水平,探索开展科研合作的新途径。在鼓励教师积极争取国家留学基金委和浙江省教育厅等政府相关部门的资助项目的同时,积极创造条件自主选送教师出国访学,每年输送 10 名左右的专业教师赴国外访学,力争实现具有三个月以上访学经历的教师占专任教师比例达到 8% 以上。

2. 加强教师海外培训。每年选派不少于 20 名专业带头人、学术骨干或优秀教学管理干部赴国外教育机构进行专业学习培训或交流,选派不少于 20 名优秀中青年骨干教师赴职业教育发达的国家和地区进行为期三周以上的专门培训,学习借鉴海外先进的职业教育办学理念和教学方法与手段。

3. 探索教师海外学习基地建设。以现有的学院海外合作伙伴为主,在合作共赢的基础上探索建立相对稳定的教师海外学习基地,作为接纳我院教师海外学习培训、访学研修、合作科研并借此提高教师国际化素养的海外基地,逐步完善并形成长效机制。

4. 强化国际化课程建设。双语和全外语课程一定程度上体现学院课程建设的国际化水平,以双语和全外语课程建设为抓手,强化教师以外语作为教学语言的专业教学能力和水平,提升教师的国际化素养。出国访学三个月以上的教师原则上都应开设双语或全外语课程,努力实现双语和全外语课程达到全部课程比例的 3% 以上。积极探索与海外高校的专业课程合作,通过课程合作提升教师的专业课程开发能力。鼓励相同或相近专业的教师合作建设国际化课程群。

5. 提升中外合作办学质量。中外合作办学是体现教育国际化的重要方面,也是推进学院教育国际化的综合平台。加大对现有中外合作办学项目的支持力度,着力提升中外合作办学质量,增强中外合作办学项目对于教师国际化素养提升的辐射力,并以此为契机,学习、吸收并借鉴国外的先进教育教学理念、教学内容、教学方法、评价手段,推进教师国际化素养和专业教学水平的提高。适时扩大中外合作办学规模。

6. 着力提升教师的外语应用能力。鼓励教师加强自身外语学习,提高外语应用能力。鼓励教师参加国家外国专家局的中国国际化人才外语考试(BFT)、教育部出国留学人员外语水平考试(WSK)等各类外语考级考证,并给予相应的政策倾斜,用于考级考证的教材及参考资料的购置费用由学院承担,所购教材资料用后归学院所有,存入学院图书馆。学院举办外语培训班,加强对列入出国培训学习选派计划但外语水平尚需提高人员的外语培训,不断提高外语水平,增强跨文化沟通能力。

7. 加强教师队伍的国际理解教育。增进对不同文化背景、不同种族、不同宗教信仰和不同区域、国家、地区的人们之间的相互理解和宽容。以校际交流、网络培训、专题讲座、国际文化大讲堂、文化沙龙等多种形式为载体,加强教师对国际规则和国际惯例的理解,提升教师队伍的国际化视野,增强国际理解。发挥好海归教师联谊会和国际交流协会对推动国际理解的作用。积极创造条件推动我院教师赴国外或台湾地区的高校开设讲座或承担课程教学,进一步扩大学院的国际影响力。

8.创造条件引进更优质外教资源。外籍教师是有别于本国教师的一个特殊的教师群体,外籍教师的引进有助于浓厚校园的国际化氛围,有助于增进教师间的国际理解,有助于优化专业课程教学,有助于推动教师国际化素养提升。要在现有的基础上,既提高外籍教师引进的质量,力争有更多的外籍教师承担专业课程的教学,又能够适当增加外籍教师的数量,努力实现外籍教师占专任教师的比例达到2%以上。

四、工作要求

实施教师国际化素养提升计划,是新时期新阶段学院强化内涵建设、推动科学发展的迫切要求,是以建设国际先进水平学校为方向,加快推进国际化步伐的现实需要,是提高教师队伍整体素质的重要举措。应加强组织领导,周密安排部署,精心组织实施。

1.统筹规划,积极创新。根据学院对于教师素质提高的整体计划,统筹规划教师国际化素养提升工作,以强化培训、关注课程、搭建平台为重点,教师个体主动参与,学院系部外力推动,多管齐下,积极创新,形成教师国际化素养提升的良好氛围。

2.完善机制,加大投入。进一步完善教师出国(境)学习培训的选拔机制和经费保障机制,加大教师国际化素养提升的经费投入,充分调动教师个体的参与积极性,使国际化素养提升成为教师职业发展的自觉行动。

3.加强管理,强化绩效。加强教师国际化素养提升工作的管理与考核,实行师德教风"一票否决制"。强化投入与产出的绩效管理,既注重过程,更关注实效,确保高质量地完成各项工作任务。

本计划自发文之日起实施,由外事办负责解释。

附录十一

浙江金融职业学院
关于印发《青年教师助讲（青蓝工程）
培养计划》的通知

浙金院〔2014〕53 号

为有效帮助学院青年教师提升职教能力，尽快适应职教岗位，建设一支符合国内一流，国际知名高职院校教学要求的青年教师队伍，根据《浙江省中长期教育改革和发展规划纲要（2010—2020 年)》《浙江省高等教育"十二五"发展规划》《浙江省教育厅关于在全省高等学校全面实施青年教师助讲培养制度的指导意见》和《浙江金融职业学院实施青年教师助讲培养制度》的要求，在上一轮青蓝工程培养的基础上，学院将实施青年教师助讲培养计划，现将有关事项通知如下：

一、指导思想

全面贯彻落实《教育部 财政部关于实施职业院校教师素质提高计划的意见》（教职成〔2011〕14 号)、《浙江省教育厅关于在全省高等学校全面实施青年教师助讲培养制度的指导意见》（浙教高教〔2012〕160 号）和《浙江金融职业学院"十二五"教育事业发展规划》等文件精神，培养一支职业道德修养合格，熟悉高职教育课程教学、了解现代教育理论水平、掌握基本教学技能的青年教师队伍。通过实施青年教师助讲培养制度，以提高职业道德修养、现代教育理论水平和基本教学技能为主要目的，对新进的青年教师专门进行相对集中的培养培训，帮助其尽快适应现代职业教育要求，成为学院教育教学与改革的中坚力量。凡是符合培养条件的，均列为青年教师助讲培养对象。

二、培养对象和指导教师的条件

（一）凡符合下列条件之一者，均列为青年教师助讲培养对象

1. 新聘用到学院从事教学工作（含理论教学和实验、实践教学）的在岗教师；

2. 高校教学经历不足 3 年，年龄在 35 周岁以下（含 35 周岁）（1979 年 1 月 1 日以后)，未接受过助讲培养培训的在岗教师；

3.学院认为有必要安排参加青年教师助讲培养的中青年教师。

（二）指导教师条件

指导教师应当具有高尚的师德、强烈的事业心和责任感，教学能力强，教学效果好，具有副教授以上职称，教龄5年以上。

三、申请程序

根据青年教师助讲培养范围和条件，由青年教师本人申请和指导教师推荐相结合，由系部对申请的青年教师和指导教师进行审议鉴定，报科研师资处审核，确定培养对象名单，公示后，发文公布。

四、工作职责

（一）青年教师职责

1.虚心向指导教师学习，尽快掌握教学各个环节的基本要求和方法，掌握现代教育技术理论与手段，了解教学管理和运行的规章制度，明确专业人才培养的目标、规格要求和学院办学定位，掌握教学计划的基本结构、课程构成等。

2.在指导教师指导下担任一门课程的部分教学任务，做到按课程要求认真备课、撰写教案及制作多媒体课件，课前与指导教师沟通试教内容、要点及主要教学方法，课后征求指导教师及学生意见，及时改进教学中的不足。同时按要求开展相关教学研究。

3.完成指导教师指定的学习任务，随堂听取指导教师授课，并参加答疑、作业批改、实验指导及其他教学研究工作。

4.培养期间，做好学习记录和工作记录。培养期满，完成个人参加培养培训的总结报告。

（二）指导教师职责

1.关心青年教师的思想状况和师德修养，培养青年教师严谨的教学态度和对学生高度负责的执教精神。

2.从教学的各个环节（包括听课、备课、编写教案或讲义、试讲、辅导、答疑、批改作业、实验与实习等）入手，对青年教师进行认真具体的指导。

3.指导青年教师参加专业建设、课程建设、实验室建设、教学团队建设和教学研究等教研活动。

4.对青年教师是否具有开课能力提出意见和建议，对达不到培养要求的青年教师提出延长培养期等建议。

五、培养措施

1.青年教师助讲培养采用指导教师指导下的项目负责制,指导教师与青年教师共同商定培养方案,明确青年教师在培养期内需承担的教学任务、听课任务、培训任务及科研任务。

2.学院为青年教师助讲培养对象搭建平台,提供锻炼的机会,鼓励和支持他们参加校培,提高青年教师综合素质和专业水平。

3.各系部为每个培养对象确定指导教师,报学院批准后正式建立指导关系。每名指导教师一般只指导1名青年教师,若情况特殊可增加被指导人数,但至多不超过2名。

4.各系部要为青年教师助讲培养对象提供便捷,多提供系部培训的机会,并支持他们参加自培,提高教育教学能力。

六、管理考核

1.实行师德教风"一票否决制",凡有悖师德规范的,取消培养资格。

2.培养对象的培养期限一般为1学年。学院对考核合格及以上的青年教师颁发由教育厅统一印制的教学上岗资格证书,考核优秀的青年教师培养期可缩短为半年;对考核不合格的青年教师,学院会根据实际及相关规定,对其做出延长助讲培养期、调整岗位或解聘等处理。需要继续培养的可延长至1年半或2年。对考核优秀的指导老师给予一定奖励。

3.青年教师助讲培养以系部管理和考核为主,由系(部)组织相关教研室主任、专业教师,结合青年教师培养学习情况,通过试讲等方式进行考核,并报科研师资处备案。考核可每学期进行一次。考核结果分优秀、良好、合格、不合格。

4.青年教师参加助讲培养期间,原则上不安排其独立承担教学任务,其教学工作年度考核参照助讲教师培养考核结果及相关工作表现确定。

本计划自发文之日起实施,由科研师资处负责解释。